AF355819

ÉLIE FAURE

NAPOLÉON

J'ordonne, ou je me tais.

Cinquième Édition

PARIS

LES ÉDITIONS G. CRÈS ET Cie

21, RUE HAUTEFEUILLE, 21

MCMXXI

NAPOLÉON

ÉLIE FAURE

NAPOLÉON

J'ordonne, ou je me tais.

PARIS

LES ÉDITIONS G. CRÈS ET Cie

21, RUE HAUTEFEUILLE, 21

MCMXXI

A

CELUI — QUEL QU'IL SOIT — DES CHEFS

DE LA RÉVOLUTION UNIVERSELLE — QUELLE QU'ELLE SOIT —

QUI AURA LA VERTU DIVINE

DE LUI IMPOSER L'ORDRE

QU'ELLE ÉTABLIRA DANS SON CŒUR.

I

JÉSUS ET LUI

NAPOLÉON

I

JÉSUS ET LUI

Du point de vue de la morale il n'est pas défendable.
Même, il est incompréhensible. En effet, il viole la loi,
il tue, il sème la vengeance et la mort. Mais aussi il dicte
la loi, il traque et écrase le crime, il établit l'ordre partout.
C'est un assassin. C'est un justicier. Dans le rang, il eût
mérité la corde. Au sommet il est pur, il distribue d'une
main ferme la récompense et le châtiment. C'est un
monstre à deux faces. Comme nous tous, peut-être. Et
dans tous les cas comme Dieu.

A peu près personne ne l'a vu. Ni ses détracteurs, ni
ses apologistes. C'est au nom de la morale que tous l'at-
taquent, ou le défendent. Tâche aisée pour les premiers.
Moins pour les autres. Mais c'est que la morale
est plus étroite que la vie. Et moins complexe. Et ne
traînant pas comme elle, dans sa contexture tragique, les
sublimes antinomies dont l'opposition continue fait la
substance du héros et qui interdisent au héros d'être

plus et moins qu'un homme. Du point de vue de la morale il est bien l'Antechrist, comme les disciples du Christ se représentent l'Antechrist. Et cependant, dans la profondeur du réel, il est plus près du Christ, sans doute, que ne le fut jamais le plus puissant de ses disciples, car je ne connais pas deux hommes, parmi tous les hommes ayant paru sur la terre, qui soient plus loin de saint Paul que Jésus et Napoléon.

Du point de vue de l'art, tout s'illumine. C'est un poète de l'action. Voilà tout. Et pour aller plus loin il faut, ou bien que j'aime trop le verbe, ou bien que je me rende compte ou craigne que l'homme l'entende mal. Il a pu commettre contre son art, comme tous les artistes, des fautes qui, sous l'angle moral, sont regardées comme des crimes, mais l'œuvre en son ensemble est parmi les plus surprenantes qu'artiste ait imaginées. Parmi les plus durables aussi, par son esprit, et indépendamment de sa survivance matérielle, chancelante à coup sûr, mais qui importe peu. Parmi les plus décisives dans l'histoire spirituelle de l'humanité. La plus décisive, sans doute, depuis celle du Christ, étant immorale comme elle, puisque, comme elle, elle culbute toutes les habitudes sociales et les préjugés du temps, dissout, disperse les familles, précipite le monde entier dans un abîme de guerre, de gloire, de misère et d'illusion.

Il est à part, comme Jésus. Çakya-Mouni est loin de nous, perdu dans le brouillard musqué des marécages d'Asie. Mahomet n'est qu'un faiseur de code, comme Moïse, ou Solon. Michel-Ange, Shakespeare, Rembrandt, Beethoven œuvrent hors du plan de l'action. Ils la rêvent. Tandis que ces deux là agissent leur rêve, au lieu de rêver leur action.

Entre ces deux sommets, tout hésite. Tout n'est que brume d'habitudes, de scrupules, d'indécision, de moralité, de médiocrité. Tout n'est que mots où l'on patauge. Seuls, parmi tous les hommes, ces deux là ont osé. Jusqu'au martyre. Jusqu'à la mort. Les prétextes moraux, je ne tiens pas à les connaître. Les prétextes moraux sont des masques mis par les hommes sur la face impassible de Dieu. Un instinct de domination aussi irrésistible que le mouvement des planètes a maintenu ces deux seuls êtres dans l'orbe fermé et rigide d'un implacable destin. Ils ont été au bout de leur nature, si généreuse, dans sa puissance originelle, qu'elle les porta l'un et l'autre à tout envahir autour d'eux, à tout dévorer de leur flamme, jusqu'aux foules qui les suivirent, jusqu'à eux-mêmes, allant vers un but invisible que l'un ni l'autre n'aperçut. Ils sont les deux seules ombres connues de Prométhée sur la terre.

Deux Méditerranéens. Deux Orientaux, en somme. Tous les deux d'une terre ardente, faite de roc et de soleil. Tous les deux apparaissant à un moment presque identique, l'un entre l'Orient et l'Occident, entre le paganisme à l'agonie et le stoïcisme en croissance, entre les puissances rationnelles et les puissances mystiques, l'autre entre le Nord et le Sud, entre l'esprit démocratique et l'esprit aristocratique, entre une science impatiente et une religion fourbue, tous les deux à une minute critique d'oscillation de l'univers. Tous les deux portant en eux la foule et vers qui montent et tourbillonnent les volontés et les tendresses incapables de se conduire. L'un suivi, au commencement, de quelques pécheurs, de quelques filles, et prenant le monde. L'autre, à la fin, luttant contre le monde qu'il avait pris, seul avec quelques enfants. Hors la loi tous les deux, avec le bas peuple à leurs trousses, le simple, le paysan, le pauvre, l'illuminé. Napoléon renversant les valeurs établies dix-huit siècles plus tôt par saint Paul, comme Jésus renverse les valeurs codifiées quinze siècles avant par Moïse. Charlatans, pour les âmes pauvres. Car Jésus, pour frapper les foules dont il a besoin comme aliment de sa passion, rend aux aveugles la lumière et ressuscite les morts alors qu'il sait fort bien qu'il n'en a pas le pouvoir, comme Napoléon, pour entraîner les peuples dans le rêve qui le conduit, distribue des croix qu'il dédaigne et écrit des Bulletins menteurs. Tous deux ayant la même action fascinatrice, la même faculté de grandir dans l'éloignement. L'un consolant de la vie, l'autre consolant de la mort. D'un point de vue l'antithèse. C'est-à-dire l'identité.

Ne voyez-vous pas qu'ils étaient possédés tous les deux du même désintéressement atroce, que sans le savoir, sans le vouloir, sans avoir ni l'envie ni la force d'y résister, ils faisaient graviter les cieux autour de leur propre aventure ? Qu'ils étaient tous deux obligés, pour durer, pour vivre, et enfin pour mourir tels qu'ils avaient vécu, de vaincre interminablement ? Qu'ils étaient tous deux condamnés, pour assurer dans le temps leur victoire définitive, à être vaincus dans l'espace ? Que ni l'un ni l'autre n'apercevait les conséquences éloignées de ses désirs ni de ses gestes, ou que, s'il les apercevait, il agissait tout de même, ne pouvant faire autrement ? Qu'ils possédaient le même empire sur eux-mêmes, la même cruauté envers eux-mêmes, la même faculté, non de réprimer leur passion, mais de la diriger vers la plus grande somme possible de puissance à en tirer ? Qu'ils possédaient la même force à combiner des sensations et des images pour s'enivrer des formes neuves qui en naissaient sans arrêt ? Qu'ils avaient le même besoin de régner sur le cœur des hommes, de susciter des sentiments et des enthousiasmes passionnés, et qu'ils exerçaient tous les deux, pour réaliser leur être, sur leurs voisins et leurs proches, le même despotisme intransigeant ? Qu'ils exigeaient de ceux qui désiraient les suivre qu'ils abandonnent les biens terrestres, qu'ils brisent les liens les plus sacrés, qu'ils quittent leur père, leur mère, leur frère, leur épouse, leur enfant ? Qu'ils suscitaient des amours effrayantes, mais qu'ils n'avaient pas d'amis, ce qui, hélas ! est le signe de la grandeur ? Que la force à aimer de l'un suscitait partout l'énergie, comme la force à vouloir de l'autre suscitait partout l'amour ? Qu'eux seuls, parmi ceux qui surent agir, donnèrent à leur action une forme symbolique ? Car c'est là une action pensée, réalisée par l'enthousiasme ou l'obéissance des hommes et lancée dans le mythe pour y modeler l'avenir.

Tous deux ont arrosé de sang la terre, pour faire germer de la terre les moissons qu'elle enfermait. Tous deux sont des héros. Ni l'un ni l'autre n'est un saint. Mais tous deux ont créé des saints. Le héros éveille le saint qui accepte le martyre pour ressembler au héros. L'un passe inconnu dans la foule, en dehors des maîtres de l'heure, et l'autre, tôt ou tard, courbe les maîtres de l'heure sous sa loi. Le saint renonce. Il supprime une part de lui-même afin d'atteindre une moitié de Dieu, la seule qu'il sache lui voir. Le héros est un conquérant. Il marche, de son être entier, à la rencontre de Dieu.

II

LE REVERS

II

LE REVERS

1

Seulement, Jésus est entré de plein pied dans le mythe, et non pas Napoléon. Le monde ne s'est vraiment occupé du fils de l'homme qu'un siècle après sa mort. Il était de l'antique Orient où tout est miracle et mirage. Il avait vécu, parlé, agi hors des regards des puissants et des perspicaces, parmi de très pauvres gens tout à fait incultes, tout à fait crédules, tout à fait imprégnés du désir du surnaturel, déformant, grossissant tout ce qu'ils voyaient, tout ce qu'ils entendaient dire, amplifiant ou schématisant leur récit jusqu'à y rencontrer et y mettre en valeur le symbole. Après sa mort aucun contrôle, aucun moyen d'information, aucun document sérieux, rien qu'un récit puéril passé par bribes de bouche en bouche et d'imagination en imagination et ne laissant subsister de la réalité primitive, dont les tares étaient tombées d'elles-mêmes, comme les scories et les cendres de la flamme d'un volcan, qu'un roman merveilleux qui n'exprimait au fond que les besoins sentimentaux de la moitié souffrante et sacrifiée du monde ancien. On n'a vu que le sens général et l'ensemble de son action.

Chez l'autre, c'est le contraire. On n'en a vu que le détail, et l'accident. Nul n'a consenti, il me semble, à méditer à son propos le mot profond que lui-même a inscrit au seuil de la connaissance des âmes : « *Il faut pour les hommes un jour favorable, comme pour les tableaux* »[1]. Une critique féroce, acharnée, vigilante, déjà aiguisée avant lui et constituant le fond du siècle, l'a environné et suivi pour épier tous ses actes, les plus insignifiants comme les plus exceptionnels, analysant chacun des gestes non seulement de sa grandeur, mais des instants les plus lointains et les plus insignifiants de sa plus obscure enfance. Dans la vie d'un homme effacé, les vices, les défauts sont peu visibles. Ils n'intéressent personne, et, quand on les aperçoit, ils se fondent dans l'uniformité grisâtre de la personnalité. Dans une vie éclatante, placée seule sur une cime, excitant la curiosité passionnée de tous les contemporains, de toute la postérité, et si puissamment illuminée que la moindre ombre, même mouvante et colorée, y apparaît du premier coup, les vices, les défauts attachent les regards et semblent noirs, fixes, indélébiles comme les taches du soleil. Dans le premier éloignement, ces taches s'accusent encore. Mais cela pour le petit homme, celui qui, dans un tableau de maître, ne voit qu'un doigt mal attaché, une cheville trop épaisse, une bouche de travers. Celui qui est trop près d'une grande chose n'en retient

1. Qu'on m'épargne les références. Toute phrase de Napoléon, ramassée un peu partout, dans les mémoires contemporains, ses œuvres sa correspondance, est en italique dans mon texte.

que ce qui lui ressemble, c'est-à-dire ce qu'il y a en elle
de plus mesquin, de plus commun. Il y poursuit avidement
ce qui la ramène à sa taille. Même quand elle l'attire,
dès son approche il se met à l'affût. Il cherche ses vilains
côtés pour y reconnaître les siens. Il ne se doute même pas
combien il grandit le héros quand il s'attache, en éplu-
chant sa vie, à démontrer qu'il est un homme.

On a vu tel grand historien reprocher à celui-là d'avoir
battu l'un de ses frères, quand il avait six ou huit ans.
Tel autre, quand il était plongé dans un abîme de douleur physique et morale, d'avoir poussé quelques cris de
colère et quelques gémissements. On a pris, on a voulu
prendre pour des principes arrêtés, pour des vilenies de
caractère irrémédiables, pour des méchancetés calculées,
une certaine allure, en lui, de vivacité impulsive, un pen-
chant pour la saillie brusque, l'humeur impatiente qui
fuse, et s'éteint aussitôt. Il ne pouvait pas s'isoler, comme
l'homme de pensée pure. Il était au fort de l'action, c'est-à-
dire entouré, à toutes les heures du jour, de sots, de valets,
de coquins. C'est en dedans de lui qu'un peintre, perdu
au Louvre au milieu de la foule, qualifie d'imbéciles
ceux dont il surprend les réflexions. Lui le disait souvent
tout haut. C'était son mot. C'est le mot des natures puissantes dont la pensée et le geste sont presque simultanés
et qui conçoivent mal qu'on ne puisse les comprendre
et les suivre sans hésiter. Il avait, bien entendu, l'esprit
de contradiction poussé à l'extrême, comme tous les
hommes dont l'opinion est fermement, logiquement,
personnellement assise et qui la sentent, même chez ceux
qui la partagent, flottante à la surface de quelque préjugé

commun. Parfois il se taisait. Parfois aussi il échangeait, avec son entourage, de ces banalités courantes que nous disons tous et qu'on recueillait pieusement parce qu'elles sortaient de sa bouche. Y a-t-il jamais eu un grand homme qui se soit livré sans défense à tous ses interlocuteurs ? Spinoza ne tient pas à son porteur d'eau les mêmes propos qu'à Descartes. Napoléon interrogeait très longuement les hommes simples sur ce qu'ils connaissaient bien. Quant aux niais, il s'amusait à les étourdir de paradoxes. Il était comme un escrimeur, agacé parfois, dont la rapidité des parades et des ripostes fait perdre pied à l'adversaire, et dont l'adversaire renonce en cachant sa mauvaise humeur. Rœderer signale ses boutades. Je crois même qu'il dit le mot. Les autres n'y comprennent goutte ou enregistrent bêtement *. « *Vous prenez toujours tout au sérieux* », dit-il à Gourgaud avec impatience, et le pauvre d'ailleurs écrit, un jour qu'il n'est pas trop chagrin : « S. M. me traite avec toute l'amitié possible et me donne, en jouant, des soufflets. »

En a-t-on assez trafiqué, de ces bourrades soldatesques par lesquelles l'instinct, en lui, manifestait ses jubilations et ses contentements muets, sachant mal parler à des simples qui ne l'eussent pas compris ! Imaginez l'histoire de Jésus écrite par un pharisien. Je suis bien sûr que Napoléon n'a jamais pincé l'oreille de Gœthe. N'est-ce donc pas ainsi que s'expriment, vis-à-vis des enfants, certaines natures très hautes qui les aiment mais ne savent pas se mettre au niveau de leurs soucis,

* Voir l'Appendice.

ni de leur langage ? On leur pince le bout du nez, ou les oreilles, on leur tire un peu les cheveux. Y a-t-il là de quoi refaire l'Histoire, à propos de Napoléon ? Son geste était-il si méchant ? Il consistait, nous dit Bourrienne, à donner « des petits soufflets avec l'index et le second doigt ou à pincer légèrement le bout de l'oreille. » Et quand il traitait les gens de nigaud, ou de niais, ou de sot, « jamais, dit encore Bourrienne, il n'employait (ces mots) sincèrement, et le ton dont il les prononçait en rendait la signification toute bienveillante... » D'ailleurs quand il tarabustait les gens et qu'il leur voyait de la peine, il se repentait aussitôt : « Il ne voulait jamais souffrir que qui que ce fût se brouillât avec lui »[1].

Mais quand duraient les jérémiades, quand décidément celui qui se plaignait refusait de comprendre, quand on lui réclamait plus qu'il ne vous devait, c'est-à-dire, strictement la protection, la bienveillance, l'affection qu'on doit au brave animal familier qu'on agace parfois ou flatte de la main entre la promenade et la pâtée, la taquinerie cessait, un mot vous jetait dans le rang : « *Vous avez cru, en venant ici*, dit-il un jour, excédé de reproches niais et de lamentations puériles à Gourgaud, presque seul avec lui dans l'île brûlante, *vous avez cru, en venant ici, être mon camarade... Je ne le suis de personne. Personne ne peut prendre d'empire sur moi.* »

1. Bourrienne.

2

Certes, il est ombrageux. Il se sent d'une essence rare. Le contact du rustre ou du mondain le blessent cruellement. Son enfance, à ce point de vue, sa jeunesse entière sont atroces. Il souffre de tout, de son accent corse qu'on raille, de son nom qu'on défigure, de ses manières bizarres de petit sauvage pris au piège, de son visage singulier qu'on trouve ingrat, malvenu, de son uniforme râpé qu'usent la brosse et le fer. Un orgueil brûlant le dévaste, tire ses yeux en dedans, amincit son nez, crispe ses lèvres, le mure dans un silence sombre où tous les nerfs, tendus comme des cordes, contractent le cœur pour alimenter de sa substance la flamme tapie de l'esprit. Plus tard il paie cela, c'est un nerveux incurable, migraineux, bilieux, dyspeptique, sensible aux odeurs, aux couleurs, aux bruits, aux intempéries comme un artiste ou une femme, rempli de tares et de tics, tisonnant, tripotant ses doigts, avec un tremblement dans la jambe, un pas précipité, de brusques dégoûts, de brusques fatigues, mais capable d'efforts géants, semant ses centaures derrière lui après trente heures de cheval, toujours galopant, trempé, ou brûlé, ou livide, arrivant seul au but, mangeant peu, et vite, et quand il y pense, dormant quand il en a le temps.

Ombrageux ? Oui. Comme un aigle tombé dans un troupeau d'oies. Il sent sa supériorité, mais il est trop fier pour la dire. Il veut la prouver d'abord. Il n'est pas fait pour les fadeurs, ni pour les grâces. « *Son imagination ardente, son cœur de feu, sa raison sévère, son esprit froid*

*ne pouvaient que s'ennuyer du salut des coquettes, des jeux
de la galanterie, de la logique des tables et de la morale des
brocards* » [1]. Je crois bien. Il souffrait de tout. Parce qu'il
bâtissait en lui une image de la grandeur que tout rape-
tissait et salissait. Parce que nul, autour de lui, ne péné-
trait sa puissance secrète. Parce qu'on souriait à son entrée,
parce qu'on parlait bas dans les coins en le regardant.
Parce que les femmes le lorgnaient avec une moue dédai-
gneuse. Ou du moins qu'il se figurait tout cela. Je crois
bien. Le mépris qu'il avait des hommes, le désir qu'il
avait des femmes le rendaient timide et hargneux. Manquant de tact parfois, à cause d'une crise brusque d'ama-
bilité mal réglée, d'une douleur mal contenue, d'un
besoin mal dissimulé d'impressionner quelque interlocuteur. Manquant de tact, comme un poète de génie
manque très souvent de goût. Connaissant mal les usages
du monde, parce que l'empire du Monde tient entre les
parois de son cœur.

Plus tard, voici l'épanchement, avec les paroles pressées, brûlantes, comme un feu intérieur qu'il ne pouvait
plus contenir. Après l'épopée italienne, on sait qui il est.
Plus de sourires quand il entre, plus de parlotes dans les
coins, et, si les femmes le regardent, c'est avec avidité.
Il parle, alors, mais en maître. Il devient entraînant,
séduisant, dominateur pour ceux qui savent écouter,
pour ceux qui veulent comprendre — et pour les simples

---

1. Une exception, la seule, j'espère bien. Cette phrase est tirée d'un
projet de roman, *Élison et Eugénie*, que Bonaparte avait conçu dans
sa jeunesse et dont le manuscrit a été retrouvé dernièrement en Pologne.

qui n'ont besoin ni d'écouter ni de comprendre et volent dans son sillage comme poussière dans le vent. Tant pis pour qui ne sait pas écouter, pour qui ne veut pas comprendre — pour qui a perdu sa simplicité aux accidents du chemin. Et c'est fréquent. Le calvaire intérieur persiste. Si les hommes, par ses actes, connaissent sa grandeur présente, les forces qui le travaillent continuent de leur échapper. Il est comme le peintre qui poursuit une image et à qui ceux qui l'entourent reprochent de ne pas s'en tenir à celle qui les satisfait. Il sent que c'est son cœur qui règle les pulsations de l'univers. Comment concevrait-il qu'il y ait, dans cet univers même, des hommes qui ne s'en aperçoivent pas ? Alors il brusque, il fonce. N'ayant pas le temps de convaincre il affirme, et voilà tout. Il ne s'agit pas de discuter avec l'homme de peu de foi et de peu de résolution si c'est le jour ou la nuit. Il s'agit d'enfoncer les portes du soleil.

3

Cependant, on s'étonne de son mépris pour l'entourage. Et on le lui reproche. Et on écrit l'Histoire avec ces pauvretés-là. Il les emploie. Il les fait princes. Il les gave et les habille d'or. N'est-ce pas assez, pour ces pauvres ? Que lui veut-on ? Il se sert, pour la besogne politique, de Talleyrand ou de Fouché, pour la besogne militaire de Masséna ou de Soult, tous pillards, tous voleurs, tous fourbes, mais de première force dans leur art. Il les tient par la peau du cou, avec ses pincettes, et ne le leur cache pas. Mais il s'arrête un jour devant Gœthe, le regarde droit dans les yeux et lui dit : « *Vous êtes un homme.* » Et quand, pour le flatter, on tente d'abaisser devant lui un autre homme, voici ce qu'il répond : « *Je n'ai point de reproches à faire à Chateaubriand. Il m'a résisté dans ma puissance.* »

Une force essentielle l'habite, qui le tourmente, et qui ne peut sortir de lui qu'à condition de broyer en lui, autour de lui des gens, des choses, des sentiments, des intérêts qu'il aperçoit à peine, ou pas du tout, parce que son front est levé. Que la vérité lui paraisse, à lui, éclatante, et les moyens pour la réaliser directs, et qu'on s'étonne, et les discute, et s'inquiète et fasse des fautes, comment le comprendrait-il ? Alors il s'énerve, il s'irrite, et quelquefois une fureur véhémente, presque aussitôt réprimée, le prend. Prenez garde, d'ailleurs, que c'est surtout quand ses combinaisons chancellent, quand quelque chose est faussé dans leurs rouages, il ne sait quoi, ne s'apercevant qu'à demi que leur amplitude les disloque — entre 1809 et 1813, — qu'il devient chagrin et irritable et que sa souffrance morale et sa fatigue s'exhalent en propos amers, souvent injustes, qui font naître et grandir chez ses lieutenants et ses proches une vague d'inquiétude et de révolte contre lui. Dans ces moments, il est terrible. Tous nous ont dit la colère olympienne, les mots blessants, la terreur répandue, la flamme insupportable du regard. Tous aussi le pardon rapide — ou mieux l'oubli. « Laissez-le aller, dit Duroc, il dit ce qu'il sent, non ce qu'il pense, ni ce qu'il fera demain » *. En effet, il menace de faire fusiller tout le monde, et personne n'est fusillé. Il pardonne tout, et à tous, toujours, dans toutes les circonstances, jusqu'à la faiblesse, à l'aveuglement, — à la faute. Il ne revient jamais, ni en actes, ni en paroles, sur le pardon accordé. Il ne se borne pas à excuser les maladresses, voire les désobéissances, il oublie les trahisons. Bernadotte, Victor, Augereau, Bourrienne, et jusqu'au Moreau de Soissons qui lui fait perdre la campagne de France, ne sont pas punis. La veille de Leipsick, il parle doucement à Murat de ses négociations secrètes avec l'Autriche. Aux Cent Jours, il fait de Soult, hier ministre de Louis XVIII et qui vient de lancer contre lui une proclamation ignoble, son chef d'État-Major. Quand on lui annonce que Marmont passe à l'ennemi, voici ce qu'il trouve à répondre : « *Il sera plus malheureux que moi.* »

Au fond, c'est qu'il n'a pas le temps d'être méchant : « *Il faut savoir pardonner et ne pas demeurer dans une hostile et acariâtre attitude qui blesse le voisin et empêche de jouir de soi-même.* » L'homme fort peut pester contre la pierre qu'il heurte ou la ronce qui le déchire. Il oublie la pierre et la ronce, la seconde après. Il oublie même qu'il y a encore, sur les chemins, d'autres pierres et d'autres ronces. L'oubli est la plus magnanime des puissances que nous avons. Elle est aussi la plus féconde. L'oubli est au pardon ce que la pitié est à la justice. Il est le témoin généreux de la vaste ascension en nous des éléments de vie sensuelle et spirituelle par quoi nous renouvelons nos sentiments et nos images et nous présentons, avec notre candeur intacte, devant les jeunes illusions. C'est lui qui maintient dans le monde les forces éternelles de renouvellement du monde, l'amour, l'espoir, l'orgueil, le besoin d'immortalité.

Souvent, d'ailleurs, sa colère est feinte. Ce n'est qu'un instrument parmi ceux de son pouvoir. Je l'ai dit. L'homme, pour lui, est un enfant qu'il plaisante et tarabuste, qu'il protège, aime aussi parfois s'il est simple, qu'il méprise quand il est vil et dédaigne toujours un peu. Il fait la grosse voix s'il n'est pas sage, sachant bien que, comme l'enfant, l'homme a peur de la grosse voix. Il joue de sa colère avec un art consommé, sait saisir l'instant, et le lieu, y mêler les caresses aux menaces, en fourvoyer le diplomate, en mater le politicien, en héroïser le soldat. « *Ma main de fer n'était pas au bout de mon bras, elle tenait immédiatement à ma tête ; la nature ne me l'a pas donnée, le calcul seul la faisait mouvoir.* »

4

Comédien ? Oui. Mais d'abord, il faut s'entendre. Il était Corse, il avait des aïeux toscans, d'autres probablement grecs. Chez tout très grand homme d'action du monde antique, Thémistocle, Alcibiade, Hannibal, Alexandre, Sylla, César, il y a un comédien. Les fondateurs de la morale eux-mêmes, ceux qui passent pour avoir révélé aux hommes la conscience, Isaïe, Jérémie, Ezéchiel, s'habillent d'un manteau de poils, pendent à leur cou un écriteau, ramassent la poussière à deux mains pour s'en couvrir la tête et le visage, poussent des clameurs gutturales, font mille singeries pour attirer les badauds. Jésus rend la vue aux aveugles, la marche aux paralysés. Et je crois bien que le héros du Nord, dans le monde moderne, n'est pas plus pur. Cromwell est un comédien du genre sombre, Calvin du genre morose, et Luther, tour à tour, du genre sinistre ou joyeux. Le puritain, le quaker, le jésuite, le jacobin élèvent la comédie morale à la hauteur d'un principe de gouvernement. Les classiques héros de la vertu politique, Cincinnatus, Washington, choisissent pour tréteau le seuil de leur chaumière ou la bêche de leur charrue. Et tous, au fond, nous jouent la comédie de leur orgueil. Jusqu'aux artistes, qui font des pitreries sublimes ou misérables pour amuser la multitude et dont les meilleurs, ceux qui la méprisent, grimacent devant leur miroir.

Là est le problème, d'ailleurs. On joue toujours la comédie, mais tantôt à soi-même et tantôt à ses voisins. La première manière, je le crois bien, est la plus noble, et la seule noble peut-être, parce qu'elle suppose une sorte d'innocence divine et le désintéressement. L'excuse des héros de l'action, et de Napoléon avant tous les autres, c'est que, s'il joue la comédie à ses voisins, il en joue une bien plus vaste, et bien plus constante, et bien plus poignante à lui-même et que celle qu'il joue à ses voisins n'est qu'une conséquence irrésistible et un moyen de celle dont il contemple en lui le déroulement et les perspectives immenses et dont il poursuivra jusqu'à la mort la conclusion, sans la trouver.

« Comediante..., tragediante... » Il a le monde pour théâtre. Le pape, les rois, les armées, les peuples, les passions multitudinaires sont autant de pantins dont il tient les ficelles et qu'il jette sur la scène ou retire de la scène, à la minute qu'il veut. Il le sait. Il le dit. Qu'il a dû jouir de sa force ! « *Roi de Naples, allez voir si le déjeuner est servi...* » A Dresde, ou à Erfurt, devant un ou deux Empereurs, quatre ou cinq Rois, trente princes : « *Quand j'étais sous-lieutenant d'artillerie...* » Effarement, chuchotements, scandale. Regard de dompteur à la ronde : « *Quand j'avais l'honneur d'être simple sous-lieutenant d'artillerie...* » Et tous les fronts de se baisser... Aussi, quand l'antichambre est pleine et qu'on a annoncé les rois, les reines, avec tous leurs titres, les deux battants qui s'ouvrent lentement : « L'Empereur... » et le pas nerveux qui approche, seul dans le silence de tous. Et puis, entre un escadron habillé d'amarante et d'or, avec des plumets d'un mètre, des basanes vernies, des sabres au clair, et les vingt maréchaux dorés, brodés, empanachés, un cavalier au grand galop, en redingote, un chapeau noir vissé au crâne, seul. Comédie ? Je ne sais. Amour romantique de l'antithèse, plutôt. Grandiose sentiment d'une solitude terrible, sans doute, et nécessaire à la conquête de l'image qui fuit toujours. A Rœderer, qui traverse à ses côtés les hautes salles somptueuses des Tuileries et remarque qu'elles sont tristes : « *Oui. Comme la grandeur.* »

La Comédie suppose le mensonge. Mais aussi l'illusion. Le mauvais comédien est celui qui ment. Le bon, celui qui s'illusionne. L'un aime, et l'autre n'aime pas. Le plus grand des artistes n'est qu'un menteur sublime, il voit conformes au réel les images qu'il en donne. Comme Shakespeare ou Rembrandt, Napoléon croit ce qu'il dit. Mais le mensonge du poète passe à côté du plan social. La masse qui constitue le plan social ne peut s'en apercevoir que lorsqu'elle essaie de l'entendre. Le Philistin, alors, accuse Shakespeare et Rembrandt de mentir. Et le Philistin n'a pas tort. Ils mentent. Mais ils ne mentent que pour les besoins de leur art. Comme Napoléon lui-même dont l'art, par un hasard qui suffit à le calomnier aux yeux du Philistin bien qu'il n'en soit pas responsable, prend l'homme pour instrument. Il ment comme un poète, ou comme un amoureux, afin de ne pas se mentir. Ou comme un créateur de mythe, venu du profond Orient et qui veut faire l'avenir conforme à son sentiment. Il s'éblouit de mirages. Et quand il ment à propos de faits sur lesquels il ne peut y avoir deux interprétations possibles, c'est qu'il croit ingénument faire passer ainsi dans le cœur des hommes qui constituent les moyens de son entreprise géante, les illusions qu'il a sur elle et qui sont indispensables à sa réalisation. Le fameux Bulletin n'est qu'un moyen d'action sur l'âme simple du soldat, et qui l'entretient dans sa confiance nécessaire. Tout le monde ment au peuple, surtout ceux qui se disent et même ceux qui se croient ses amis. Car le peuple n'est pas capable d'entendre la vérité. Ou alors, dès qu'on la lui a dite, il exige un mensonge qui mette une promesse neuve au delà de son horreur. Les mensonges de Napoléon ne sont que les échos extérieurs d'une imagination puissante hors de laquelle il n'est point de réalité, et qui tente de mettre d'accord avec les événements véritables ceux qui se déroulent en lui. Hors de l'action, dans le tableau, dans la symphonie, dans le poème, je ne les apercevrais pas.

Son image est la seule vraie. Celles que perçoivent les

autres n'ont pour lui de réalité qu'à condition d'entrer dans la formation de la sienne ou de dépendre de la sienne comme une ombre ou un reflet de la masse organisatrice autour de qui pivote l'œuvre et qui détermine l'accent, le caractère, le mouvement et la couleur de tous ses autres éléments. On l'a dit jaloux. Pauvre sottise, qui accuse la jalousie que lui porte l'accusateur. Peut-il être question, pour celui qui crée la symphonie, de jalouser l'un des premiers violons qui la traduisent au public ? Si le compositeur est là, si on l'oublie, si l'acclamation monte vers le virtuose, surtout si l'on attribue au virtuose le succès d'une conception dont lui seul connaît la complexité formidable, la mystérieuse immensité, cette richesse infinie de conséquences, de développements, d'atmosphère indéterminée, de dynamisme qu'elle enferme il raille, il souffre même, et cela est naturel. Quand il s'agit de sa force, il ne peut concevoir qu'un simple moyen de sa force puisse en masquer la royauté. Il veut bien le mettre à son rang, le premier, mais après le sien. Et comme il le sait sensible à la chose, il le couvre d'honneurs et d'or. On a dit qu'il se gardait de donner à ses lieutenants les noms de leurs victoires personnelles afin de cacher leur gloire dans le rayonnement des siennes. Le malheur est que c'est faux. Lannes reçoit le titre de Montebello, Davoust celui d'Auerstædt, Augereau celui de Castiglione, Ney celui d'Elchingen, Kellermann celui de Valmy. De pauvres êtres moins mal intentionnés ne pourraient-ils pas soutenir avec autant de vraisemblance, quand il accole le nom de Rivoli au nom de Masséna, qu'il attribue à Masséna le succès de la journée ?

Il ordonne après Auerstædt que Davoust entre le premier à Berlin. A peine au pouvoir il donne à Moreau,
le seul homme à l'époque qu'on pût — de loin — lui
comparer comme chef, la plus belle armée de la République, se réservant le petit corps qui doit agir en Italie.
Et comme Moreau refuse de suivre le plan que lui, Napoléon, réalisera à Ulm, il n'insiste pas, le laisse libre. A la
nouvelle du succès, il bondit de joie, dit Bourrienne.
On prétend qu'il l'arrête aux portes de Vienne. C'est faux.
Moreau s'arrête de lui-même. On l'a dit de Campo-
Formio, alors qu'il était bien plus près de Vienne que les
généraux — d'ailleurs battus — du Rhin. Mais on s'acharne,
on dissèque, on déforme, on allègue, on insinue. On diminue et rapetisse, pour se mettre au niveau. Il est très remarquable que nos habitudes d'esprit nous condamnent
à demander aux créateurs toutes les vertus négatives,
et que nous exigions d'un aigle qu'il vole sans ailes, d'une
hache qu'elle tranche sans fil, d'un poète qu'il crée sans
imagination.

III

L'AVERS

III

L'AVERS

I

L'homme apparaît dès son enfance, pour peu qu'on veuille bien juger les hommes par la passion que trahit leur regard, et non par la docilité qu'ils montrent à rester bien sages à leur banc. Chez celui-là il apparaît dans sa fierté farouche, dans ce signe de la grandeur qui déjà marque l'enfance, ou bien le premier rang au jeu, le rang de chef, les habits déchirés, la bouche sanglante, ou bien la solitude et le silence au milieu des rires et du bruit. Battu au sang, il ne crie ni ne pleure. Innocent, il n'avoue jamais. On le brime, on le rosse, il ne desserre pas les dents. « Bien qu'il eût rarement, dit Bourrienne, à se louer de ses camarades, il dédaignait de porter des plaintes contre eux ; et lorsqu'il avait, à son tour, la surveillance de quelque devoir que l'on enfreignait, il aimait mieux aller en prison que dénoncer les petits coupables. » Plus tard, monté au trône, il a tout oublié. Il suffit qu'on ait été son maître ou son condisciple pour qu'il vous comble de bienfaits.

Chose rare, il appelle alors et protège ceux qui l'ont vu misérable. Car il a été misérable. Il a eu faim. Il a connu le repas unique par jour, et, pour ce repas unique, le pain. Il a porté l'habit râpé, verdâtre aux genoux, aux coudes, la semelle de carton. Pas une fois il ne se plaint. Si on lui offre de l'argent, il s'empourpre, et se retire. Il élève son frère Louis avec sa solde de soixante francs. Il fait la cuisine, il fait le ménage. Empereur, à un fonctionnaire qui se plaint de ne toucher que 1.000 francs par mois : « *Je connais tout cela, Monsieur... Quand j'avais l'honneur d'être sous-lieutenant, je déjeunais avec du pain sec. Mais je verrouillais ma porte sur ma pauvreté.* »

Comme tant d'artistes romantiques dont il est, et l'un des premiers en date, et le premier en puissance sans doute, il est plein de « vertus bourgeoises ». Et les « vertus bourgeoises » ont ceci qui les distingue de toute espèce de vertu, c'est qu'elles ne vont presque jamais sans quelque ridicule, le respect pontifiant des bonnes mœurs, l'ordre domestique maniaque, les pantoufles au coin du feu. Elles atteignent leur apogée à l'apogée du bourgeoisisme dont il est, au moins dans la loi, le véritable fondateur. Elles attendrissent Balzac, elles boursouflent Hugo, elles corrompent Ingres, elles font délirer Michelet, ânonner Stendhal lui-même et vaticiner Carlyle. On ne se peut consoler de l'aspect caricatural qu'elles imposent à ces hommes puissants qu'en remarquant qu'elles s'étalent dans leur plus abjecte innocence par exemple chez Monsieur Thiers. Chez Napoléon elles surprennent, et il faut se défendre contre soi-même pour n'y pas chercher une excuse aux crimes dont on l'a chargé. Car au contraire ce sont elles, peut-être, qui nous les expliquent le mieux.

Il est plein de vertus bourgeoises. Les uns — les pauvres — l'en louent. Les autres — plus riches — l'en blâment. Un tel homme, dit-on, n'a pas le droit d'être bon fils, bon frère, bon mari, bon père, bon ami, bon administrateur de sa maison. Il est certain que le sentiment de la famille, et sa famille, ont compromis son œuvre spirituelle après l'avoir perdu. Car c'est à se tordre de rire : ils sont jaloux de lui, ils ont des crises de conscience, ils se croient des talents militaires, un droit divin, un droit d'aînesse *, ils lui font des remontrances, ils boudent le trône qu'il leur jette parce qu'un autre leur va mieux : « *A les entendre, on croirait que j'ai mangé l'héritage de notre père.* » Il les fait rois, il les fait reines, il les gorge de titres, il les arrose d'argent. Eux le pillent et le trahissent, et lui ne cesse pas de pardonner **. Car c'est un tendre, au fond, qui se défend et s'observe, mais qui a trop de choses en tête pour se défendre et s'observer longtemps. Marmont, son pire ennemi, le sait bien : « Il cachait sa sensibilité, en cela bien différent des autres hommes qui affectent d'en montrer, sans en avoir. Jamais un sentiment vrai n'a été exprimé en vain devant lui et sans le toucher vivement. » Il adore son fils, joue avec lui des heures, se laisse tourmenter par lui. Il aime très bourgeoisement ses deux femmes, et quand il répudie la première, c'est un drame de conscience, des larmes, des remords, une ingénuité incroyable que la rouée exploite trop longtemps. Les enfants de Joséphine sont ses enfants : « *Rien*, écrit-il à Eugène, *ne saurait ajouter aux sentiments*

*que je vous porte ; mon cœur ne connaît rien qui lui soit
plus cher que vous ; ces sentiments sont inaltérables.* » Et
d'ailleurs, de tous les siens, celui-ci en est le seul tout à fait
digne par sa fidélité, sa droiture, sa pureté, son honneur.
Passivement du moins, car il n'est pas de sa trempe.
C'est un brave homme, simplement, peut-être même
l'aime-t-il parce qu'il sait trouver en lui un bon appui,
une sécurité entière, quelque chose qui le repose de ceux
qui le trahissent et le grugent, l'un des pôles de sentiment
où son cœur solitaire puisse étayer sa lassitude de battre
trop fortement. L'autre pôle est sa sœur Pauline, gloire
féminine du monde dont il est la vertu virile, qui est le
génie de l'amour comme il est celui de la force, qu'il
aime, et qui l'adore, qui le suit seule avec sa mère à l'île
d'Elbe, qui le suivrait, s'il n'était plus généreux encore
qu'elle, à Sainte-Hélène, qui ne cesse de le soutenir dans
sa chute de sa tendresse et de son or, engage ou vend tous
ses écrins, alors que l'ingratitude se répand avec tous les
autres, frères, proches, amis, serviteurs, comme une
lèpre sur laquelle il ferme, ou veut fermer les yeux.

A son propos on a parlé d'inceste, sans preuves, et
pour le salir. On n'a pas vu que ses « vertus bourgeoises »
le rendaient précisément très improbable, et qu'il ne fut
qu'un demi-oriental, emprisonné par son éducation,
sa volonté, sa foi démocratique, dans les cadres de l'Occident. Cela ne l'eût point sali s'il eût été le fauve saoûl
de sang, se couchant au soleil pour nettoyer ses ongles
de sa langue entre une orgie meurtrière et une orgie
érotique, broyant les crânes d'homme et les ventres de
femme non pour se chercher, lui tout seul, dans sa com-

plexité poignante, mais pour essayer de saisir les impulsions saccadées et fuyantes de sa névrose dans leur horrible mais auguste simplicité. Cela l'eût complété, en eût fait une autre figure, plus entière peut-être, plus pure, moins énigmatique pour nous autres de ce bord-ci des océans, qui ne pouvons parvenir à comprendre qu'on ne soit pas tout entier dans le bien ou tout entier dans le mal. Point d'oasis pour le rêveur brûlé de fièvre, point de fruit pour celui qui a soif, point de tendresse féminine pour celui qui mendie l'amour de tous les hommes en leur imposant le sien. Que la belle et grande amoureuse ait aimé le grand homme comme une sœur aime son frère, peut-être est-ce un hommage involontaire à l'isolement des héros que les pauvres de cœur leur rendent en cherchant, au lieu de l'admettre, l'explication que l'on sait.

Le voici donc, de concession en concession, de faiblesse en faiblesse, de faute en faute, pour la superstition du clan, pour le respect envers une vieille avare qui baragouine un sabir incroyable, mère antique d'ailleurs, par sa fermeté invincible, ancienne amazone guerrière qui courut le maquis avec Napoléon au ventre, pour l'affection qu'on doit à des frères légers, ou chagrins, ni bons ni mauvais, mais brouillons et vaniteux, à des sœurs acariâtres, assez fermes de cœur parfois, l'une d'entre elles bonne et belle, pour une épouse écervelée et folle de coquetterie, pour une autre sotte et sensuelle, — le voici donc traînant ses rêves gigantesques dans l'office et l'alcôve, soucieux, pour eux, comme un notaire de province, d'établissements avantageux et de solides placements.

Éternelle contradiction qui, à la fois dérobe et trahit son mystère, le fait si grand par l'imagination, si ordinaire par les sentiments. C'est par ces sentiments-là qu'il perd le visage humain de son œuvre, comme il en sauve le visage divin par son orgueil.

2

L'immensité de cet orgueil est telle qu'il se confond avec les régions mystiques de son être, détermine tout ce qui est en lui de plus permanent et de plus noble, ce fatalisme supérieur dont sa volonté n'est qu'un moyen et qui ne reconnaît, au fond, d'autre but à la vie terrestre que d'imprimer dans les événements, les passions, les âmes, les traces d'un passage si profond que l'humanité entière y reconnaisse un épisode nécessaire de sa propre immortalité. Il est haut comme une épopée, comme la sienne, dont il est le mobile intime, déterminé par l'instinct impérieux et vague qu'il se confond avec une fatalité historique grandiose, impossible à éviter, impossible à contenir. S'il ne s'était senti fait pour marcher isolé au premier rang visible et qu'il eût eu ce même orgueil, il se fût appliqué, même habitant au centre d'un désert, à être le seul dont on puisse dire qu'il avait été celui-là. Car il faut que tous y consentent, par l'acte, et non par le mot. Devant la sienne, il faut que toutes les volontés plient *. Devant les siens, il faut que tous les yeux se baissent. Et quant à l'insulte, il lui semble qu'elle est comme une méconnaissance de son rôle, une trahison envers la destinée commune à tous. Elle fait plus que le blesser, elle l'étonne : « *Je suis un homme qu'on tue, mais qu'on n'outrage pas.* »

Un sentiment pareil commande à la simplicité d'être sa compagne de route, sachant qu'aucun signe extérieur, fût-ce celui de la puissance souveraine, n'est capable de le combler. « Dans le fond de sa pensée, dit Bourrienne, Bonaparte dédaigna toujours également les oripeaux consulaires et les mascarades impériales. » De ceci, il y a mille preuves, du recueillement farouche de son enfance malheureuse au sommet le plus éclatant de sa vie, aux tortures morales et physiques de l'exil. La vanité aime le bruit, l'orgueil écoute le silence : « *Quand pourrons-nous,* dit-il en parlant de la vanité de son peuple, *échanger celle-ci contre un peu d'orgueil ?* » Et en effet il fuit la foule, ses ovations, les exhibitions en public, et c'est d'autant plus malaisé et cela frappe d'autant plus qu'une curiosité plus tumultueuse l'entoure et que son génie se fait plus solitaire à mesure que l'ivresse et la douleur des peuples tournent plus vite autour de lui. « *J'arriverai à Paris à l'improviste,* écrit-il après Marengo. *Mon intention est de n'avoir ni arc de triomphe, ni aucune espèce de cérémonie. J'ai trop bonne opinion de moi pour estimer beaucoup de pareils colifichets.* » Et de fait, c'est toujours de nuit qu'il y rentre, ou par une barrière à laquelle on ne l'attend pas, ou avec plusieurs heures d'avance, déroutant les plus acharnés. Quand il ne peut fuir une fête, qu'il doit l'accepter comme un instrument, ainsi qu'un ciseau pour sculpter la pierre, une charrue pour labourer, il est au supplice. Elle étale pour lui avec tant d'évidence la bassesse, la sottise, la servilité et la vulgarité des hommes qu'il a peur, à leur contact, de montrer le mépris qu'il leur porte et d'y compromettre sa puissance à les dominer de haut. Jamais il n'entre le premier dans les capitales conquises, ou même il les évite, par une sorte de calcul où la satisfaction de son stoïcisme aristocratique se confond avec le mystère dont il veut être entouré. Il n'entre pas à Madrid. Il ordonne à Joseph, dans un billet péremptoire, de pénétrer en pompe dans Burgos : « *Autant je pense devoir faire peu de cérémonie pour moi, autant je crois qu'il faut en faire pour vous. Pour moi, cela ne marche pas avec le métier de la guerre. Et d'ailleurs, je n'en veux pas.* » Il galope d'un bout à l'autre de l'Europe, comme isolé dans ses armées à qui il se montre à son heure pour en exalter le moral, et ne décrète une exhibition solennelle à laquelle il ordonne aux Empereurs et aux Rois vassaux de se rendre, à Dresde ou à Erfurth, que le jour où il la juge nécessaire aux fins qu'il poursuit sans les voir mais dont il connaît les voies, et à son action prestigieuse sur les imaginations. « *Qu'est-ce que le nom d'Empereur ? Un mot comme un autre. Si je n'avais d'autres titres que celui-là pour me présenter devant la postérité, elle me rirait au nez* * ». Il le savait tout aussi bien que ceux qui le lui reprochent, puritains étriqués qui n'ont jamais voulu comprendre que ce titre et la puissance extérieure qui s'y attache étaient comme une masse instrumentale indispensable à la symphonie gigantesque qu'il organisait et poursuivait dans un enivrement lyrique continu.

On le voit bien, lors de sa chute. Alors que tous l'abandonnent, un à un, ceux qu'il avait gorgés, ceux qu'il avait créés, et sa famille au premier rang, alors qu'il n'a plus avec lui pour lutter contre le monde que quelques vieux paysans et quelques petits conscrits, c'est son orgueil qui repousse les conditions que les alliés, aux portes de Paris, épouvantés de leur victoire lui offrent, la France, la Belgique jusqu'au Rhin, l'Italie... Fou ? Peut-être. Mais quelle force ! « Contre tout l'univers je n'ai que moi, moi seul, et la passion que mon cœur porte. Voici l'homme. Même abattu, même tué, j'aurai maintenu l'empire que je porte au dedans de moi. Je n'aurai pas cédé pour deux couronnes et un pouvoir consolidé et la paix et le repos et la richesse colossale et les bénédictions de tous, une seule étincelle de l'astre que j'entrevois. Je suis celui qui fait pencher l'un des plateaux de la balance, quand tous les rois et tous les peuples et jusqu'aux miens, et Dieu, se jettent dans l'autre plateau... » Deux ans auparavant, quand il s'enfonçait dans la steppe russe, traînant à ses talons toute l'Europe armée, vers le destin final à la découverte duquel, impitoyable envers lui-même, il se sentait comme aspiré, quelqu'un lui demandant qui défendrait la France si on l'attaquait en son absence : « *Ma renommée* », dit-il.

3

L'orgueil qui est, il me semble, la plus haute des vertus, mesure sa force créatrice à la qualité de l'ambition qu'il conditionne. Mais là encore il faut s'entendre. Une forme de l'ambition, c'est de paraître. L'autre, c'est d'être.

Il n'y a guère ou point de nuances entre ces deux ambitions là. Et la première est à la seconde ce que la vanité est à l'orgueil. On devrait, pour celle-là, imaginer un mot nouveau, car c'est à elle, par malheur, que le terme dont il s'agit s'applique à peu près constamment. Or, l'état de vertu ne s'attache qu'à la seconde.

Une source d'étonnement ne s'épuise pas pour moi. C'est l'absence d'ambition de la plupart de ceux d'entre les hommes qu'on qualifie d'ambitieux et qui vivent, dès le collège, dans l'intention très arrêtée de devenir ministre, préfet, général, ambassadeur, académicien ou président de la République. Commander six mois à des fonctionnaires, ou sept ans, dans les limites étriquées de règlements qu'on n'a pas même faits ! Voyez-vous d'ici un poète qui consentirait à écrire son poème pour la délectation d'une assemblée d'électeurs, à condition de ne pas dépasser un certain nombre de vers et d'observer toujours le même rythme ? L'ambition politique est la plus pauvre de toutes, ou la plus haute, selon le cas. Mais le second cas se produit une fois ou deux, en dix siècles. Celui qui, au pouvoir, n'est pas digne d'être le maître absolu et ne le devient pas par ce seul fait qu'il en est digne est un esclave. Je crois bien que Napoléon a joui du privilège unique de démontrer que si, au pouvoir, on n'est pas Napoléon, on n'est rien.

Au pouvoir ou ailleurs, il n'est qu'une ambition avouable, et Napoléon le savait. Il l'a expressément et royalement définie : « *L'ambition de dominer sur les esprits est la plus forte de toutes les passions.* » Ce fut la plus forte des siennes. Et seuls les ambitieux médiocres ont pu l'accuser d'ambition médiocre, par exemple d'être Empereur *. Son ambition fut de celles qui condamnent un homme à passer, dans sa jeunesse, à peu près inaperçu, parce qu'elle n'éclate ni dans leurs propos, ni dans leurs vêtements, ni dans leurs façons, ni dans leurs gestes, et que seuls ceux qui savent lire un visage pourraient la découvrir tapie et ignorée sous l'hermétisme de la bouche, le léger froncement du front, le feu étouffé du regard. Elle n'apparaît à personne, pas même à celui qui la porte, parce qu'elle n'existe pas. Il est orgueilleux, oui, mais comme tel il est timide, et s'il dédaigne la fonction en vue et l'uniforme étincelant, c'est qu'il a peur qu'on le remarque et le critique le jour où il revêtirait cet uniforme et accepterait cette fonction. La pudeur ombrageuse est la forme élémentaire de l'orgueil chez les enfants. Elle peut écraser, certes, s'il n'est pas très intelligent, toutes ses vertus créatrices. Mais si sa volonté croissante, ou le hasard, parviennent à le prévenir des raisons de cette pudeur, du sentiment de supériorité qui se cache sous cet orgueil, son ambition qu'il ignorait et que tous appelaient autour de lui, selon leur acuité psychologique, de la modestie ou de l'apathie, n'attendra plus qu'une occasion de se définir dans ses passions naissantes ou les événements extérieurs. A sa grande surprise, il se sentira quelque jour supérieur à ceux qui le méprisent ou l'ignorent et dont hier il admirait l'aisance, l'audace, la facilité. Il cherchera alors à découvrir et à saisir les instruments de la puissance propre qu'il sentira sourdre de lui.

L'ambition de Napoléon n'apparaît ni dans son enfance ni dans sa première jeunesse. L'artiste s'ignore et se cherche et son effacement est instinctif. Il est replié sur lui-même. Il sait déjà ce qu'il ne veut pas être, il ne sent pas encore ce qu'il veut être. Simplement parce qu'il ne sait ni même sent ce qu'il peut être. Il ne se connaît pas, et prenez garde, il ne se connaîtra jamais. C'est là la marque du grand homme, maître de lui quant aux moyens, éperdu, quant aux fins, d'emportement lyrique et de mystère. Il n'a jamais eu, dans sa vie, qu'une ambition extérieure fondamentale, la seule qui fût nécessaire à la manifestation active de la grandeur qu'il se sentait. Du jour où il a vu, du jour où il a fait la guerre, constaté la pauvreté de la plupart de ceux qui la font à ses côtés, senti qu'elle multipliait soudain, dans une sorte d'ivresse lucide, ses facultés jusqu'alors inconnues de décision, de caractère, de simultanéité dans la conception et l'action, il veut un grand commandement. Il intrigue alors, les dents serrées, accepte de tristes besognes dont il souffre cruellement. Pour fréquenter Barras il dompte son dégoût. Il mitraille les sectionnaires sur les marches de Saint-Roch. Pour saisir l'Hydre, Hercule traverse un marécage. François Villon vole pour vivre, c'est-à-dire pour sentir. Michel-Ange consent à s'humilier devant le pape pour obtenir un champ d'activité assez vaste pour sa passion. Gœthe fait des courbettes devant un principicule pour ne pas perdre de temps à courir après son pain. Jésus ne cesse d'obéir, afin que tous lui obéissent. Aussi grand que nous soyions, il faut que nous acceptions tout à fait, une fois au moins dans notre vie, une servitude quelconque pour délivrer notre pouvoir.

Il a dit ce mot formidable : « *Je n'ai point d'ambition...* »

Qu'il est donc pauvre celui qui n'y reconnaît pas une merveilleuse innocence ! « *Je n'ai point d'ambition... ou, si j'en ai, elle m'est si naturelle, elle m'est tellement innée, elle est si bien attachée à mon existence, qu'elle est comme le sang qui coule dans mes veines, comme l'air que je respire ; elle ne me fait point aller plus vite, ni autrement que les mobiles naturels qui sont en moi ; je n'ai jamais à combattre ni pour elle, ni contre elle, elle n'est jamais plus pressée que moi ; elle ne va qu'avec les circonstances et l'ensemble de mes idées.* » Ceci devrait suffire à ceux qui ne s'attachent pas d'abord à découvrir, dans l'Histoire et la vie, quelques êtres autonomes pour y fixer les seules valeurs nobles auxquelles il convienne de s'attacher, au lieu de vouloir faire entrer de force tous les êtres en un cadre rigide arrêté d'ailleurs, dans un passé plus lointain et plus vague, par quelque être autonome qui a dicté sa propre loi. Une heure sonne, tous les dix ou vingt siècles, où l'étude des grandes personnalités, poursuivie jusqu'aux plus cachés de leurs ressorts est plus utile, pour la formation des individus chargés de préparer dans les esprits une forme nouvelle d'obéissance active, que ne l'est, pour la société, l'obéissance passive aux formules périmées d'une personnalité presque entièrement engloutie dans la légende et l'oubli. Nous ne savons pas ce que fut Moïse, et, plus ou moins, le voulant ou non, nous persistons à lui obéir. Si nous ne savions pas qui a été Napoléon et s'il ne nous restait de lui que dix brèves formules, comme celle-ci par exemple : « *L'intérêt n'est la clé que des actions vulgaires* », qui oserait prétendre qu'on n'y pourrait chercher les éléments d'un nouvel aristocratisme capable de sauver les hommes des formes les plus basses du démocratisme où la parole de Moïse ne cesse, depuis trente-cinq siècles, de les enfoncer ? Peut-être celui-ci ne fut-il qu'un marchand d'esclaves, dur et roublard. Nul ne le sait. L'être autonome est un noyau autour de qui mûrit le monde. Sa force emporte, dans une unité irrésistible, ce qu'on appelle ses qualités et ses défauts et qui ne sont que les facettes du même diamant compact.

« Je suis d'un caractère bien singulier, sans doute. Mais on ne serait point extraordinaire si l'on n'était d'une trempe à part. Je suis une parcelle de rocher lancée dans l'espace. Vous me croirez peut-être difficilement, mais je ne regrette point mes grandeurs. » Je le crois, moi. Je crois qu'il ne regretta qu'une chose, quand on le mit dans sa prison : les moyens de poursuivre et d'atteindre l'image qui le hantait. Rubens, je le sais bien, eût lâché sans regret ses palais et ses ambassades si on lui avait donné le choix entre eux et son pinceau. Le pinceau de Napoléon, c'était le moyen de manier les passions, les armées, les peuples, par conséquent un pouvoir souverain *quelconque* dont « ses grandeurs » n'étaient que les signes faits pour les autres et qu'à part lui il dédaignait. Tout ce qui s'y attachait n'était pour lui que somptueuses corvées où il avait bien soin d'ailleurs, par ses manières, son costume, ses paroles, son regard, de marquer la distance qu'il y a d'un roi de droit divin à un homme libre qui s'est couronné tout seul. *« Le trône en lui-même n'est qu'un assemblage de quelques pièces de bois recouvertes de velours. Le trône c'est un homme, et cet homme, c'est moi, avec ma*

volonté, mon caractère et ma renommée. » La pitance des princes l'écœure. Il n'a que dégoût, et dégoût avoué, pour la basse flatterie qui se répand sous ses bottes. On dirait, à bien l'écouter, que plus il en est empêtré, plus il se sent seul, et qu'il agit de façon à accroître et à mieux goûter sa solitude. Le mariage autrichien, au fond, est une expérience grandiose, une danse dans le désert, le jeu triomphal et désenchanté d'un colosse. Il veut savoir jusqu'où sa force peut monter, jusqu'où peuvent descendre la peur, la lâcheté, la servilité des Rois. Il veut se nourrir du spectacle intérieur d'une puissance dont les limites extrêmes ne sont ignorées que de lui. Il a le mépris du poète pour tous ceux qui s'imaginent qu'il poursuit un but défini, et, à chaque étape, respirent, croyant qu'il a atteint ce but, un trône par exemple, ou la possession de quelque province nouvelle. Ils le voient au sommet de leurs propres ambitions de pauvres, et cela suffit à ces pauvres. Tous le jugent ainsi, ses ennemis, ses amis, comme un homme qu'une couronne tente, que dix couronnes satisfont. Etre le maître de la France, de l'Europe, du Monde, qu'est-ce donc, pour ce pélerin de l'absolu qui sent qu'il ne maîtrisera jamais le mystère qui l'habite ?

Qu'est-ce donc, je vous le demande, qu'est-ce donc que paraître pour le présent ? Etre pour l'avenir, pour toujours, c'est là ce qu'il cherche. « *L'immortalité, c'est le souvenir laissé dans la mémoire des hommes. Cette idée porte aux grandes choses. Mieux vaudrait ne pas avoir vécu que de ne pas laisser de traces de son existence* *. » Il a cette soif d'éternité que les grandes natures portent, il veut que le temps, bien plus encore que l'espace, soit à lui. L'espace est si petit ! Un grand cœur ignore l'espace. Il est le contemporain de tous les hommes qui vécurent, de tous les hommes qui vivront. Il sait fort bien qu'il a battu, qu'il battra dans leurs poitrines. Si sa solitude s'accroît à mesure qu'il avance vers le terme de sa vie terrestre, c'est que, par sa vie éternelle, il communie de plus en plus profondément avec tous ceux qui ne sont plus ou qui ne sont pas encore et qu'il s'imagine former une cohorte idéale où ses droits, quelque jour, seront reconnus. Puissance de l'Illusion ! Il croit cela, même alors qu'il sait qu'à la minute de sa mort, la nuit définitive commencera pour sa conscience. Il ne saura rien de sa gloire. Mais il sait qu'elle sera. Il le veut. Il aime, il combat, il se fait haïr, il se fait aimer pour l'accroître. Tant qu'une âme d'homme sera, il fera partie de cette âme.

Pour un être de cette trempe, la souffrance n'est qu'un moyen. Et la mort, un autre moyen. *« Quel est l'homme qui ne voudrait pas être poignardé à la condition d'avoir été César ? »* Illusion, Illusion ! Pauvre grand cœur, qui sait que *« les hommes sont rares »* et qui crois les connaître, et pourtant les connais si peu ! Plus rares encore que tu ne penses. En est-il deux ou trois par siècle qui consentiraient au martyre à condition de demeurer vivants, après leur mort, dans le commun souvenir ? Pas un, peut-être. Et il consent au martyre parce qu'il est de ceux-là *. Tombé, ce dont surtout il souffre, c'est de s'imaginer qu'il n'occupera pas, dans la mémoire des peuples, une place comparable à celle d'Alexandre ou de César. Les choses accomplies ne sont rien pour le poète. Ce qui compte seulement, ce sont les choses à accomplir. Il a quarante-cinq ans, l'âge où s'opère, dans les hautes natures, un classement nouveau, plus ordonné, plus logique, plus équilibré et plus clair des profonds éléments de l'être accrus, en cours de route, de nourritures innombrables, et prêts à s'élancer vers les conquêtes inconnues d'une jeunesse d'âme qui s'accroît à mesure que diminue l'intervalle qui les sépare de la nuit. Et il est prisonnier, et il ne peut agir son rêve — ce rêve qui s'élargit ! On lui dit qu'il meurt de faiblesse : « *Non, s'écrie-t-il, ce n'est pas la faiblesse, c'est la force qui m'étouffe, c'est la vie qui me tue.* » Il ne sera jamais ce qu'il aurait pu être, et il en meurt. Mais prenez garde. Ne le plaignez pas. Ne faites pas semblant d'être de son avis, de vous imaginer qu'un homme comme lui peut se comparer à quelque autre, vivant, ou mort, ou pas encore né : « *La gloire ? dira-t-il. Je m'en suis gorgé, j'en ai fait litière, et, pour le dire en passant, c'est une chose que j'ai rendue désormais à la fois bien commune et bien difficile.* »

4

On a tout dit sur les moyens exceptionnels qui lui donnaient, sur la plupart des hommes, ces avantages immédiats sans qui les grandes facultés sont condamnées parfois à frapper dans le vide ou jetées des routes de l'action dans la découverte et la culture des mondes intérieurs. On a noté sa résistance à la fatigue, à l'insomnie, au jeûne, sa puissance énorme de travail, sa mémoire presque monstrueuse, cette santé toujours instable fouettée par des nerfs de feu, l'ardeur qu'il infusait, soit de gré, soit de force, à son entourage fourbu, vidant ses officiers, ses secrétaires, épuisant ses chevaux, dormant à volonté à n'importe quelle heure, dix minutes, sur une chaise, après comme avant aussi ferme, aussi lucide, aussi précis. On a vanté la brièveté, la netteté de ses questions, la clarté de ses ordres, cette puissance inépuisable à transformer le choc sensuel immédiatement en action *. On a commenté — mal il me semble, parce qu'on paraît y avoir cherché quelque raffinement oriental, on ne sait quelle névrose maniaque, — sa propreté méticuleuse où je verrais plutôt la marque de l'homme de l'espace, celui qui dort sur la terre, voit toutes les nuits les étoiles et suit les routes du vent, celui qui mourrait à la peine s'il ne prenait pour associés tous les éléments naturels : « *L'eau, l'air et la propreté*, a-t-il dit, *sont les principaux articles de ma pharmacopée.* » Je le crois bien. Là est l'un des plus sûrs moyens du grand équilibre héroïque. Un saint n'a pas besoin de ça.

Ce qu'on a moins dit, parce que c'est moins facile, parce que, là encore, le poison de moralité intervient pour fausser le jugement, c'est sa maîtrise de lui-même. Il est au centre d'une toile immense dont tous les fils viennent s'attacher à sa tête. S'il ignore où son destin le mène, il sait toujours le chemin qu'il doit suivre pour aller à son destin. Certes, comme la passion même, il est fait de contradictions. La sienne suit une ligne pleine de soubresauts, de heurts, mais continue et qui creuse sa route droite sans s'occuper des incidents, des accidents, des épisodes accessoires qui se déroulent sur ses bords. Dès qu'il porte un cœur héroïque, la ruse, la dissimulation de l'Italien ne sont que des armes puissantes au service d'une passion plus haute, désintéressée et fatale comme l'amour, à laquelle il sacrifie tout le reste de son être et vers laquelle il ne peut pas ne pas marcher. Un homme comme celui-là ignore peut-être la morale, mais il ignore aussi l'hypocrisie. Il se concentre et huile ses ressorts pour agir à l'heure choisie, sans paroles, et tel qu'il est. Il n'est pas question, pour lui, de mutiler son être intime, d'écraser, en rougissant d'elles, ce qu'on appelle ses passions. Mais bien de les tordre en silence afin d'en faire un métal inconnu de tous dans le secret de son cœur. Pour lui, « maître de ses passions », cela veut dire posséder la force exceptionnelle de discerner sa passion dominante afin de refouler ses passions secondaires au profit de celle-là. « *Vivre, disait-il, c'est souffrir, et l'honnête homme combat toujours pour rester maître de lui* *. »

Qu'il l'ait été en toutes circonstances, non. J'ai parlé de ses colères, brusques assauts de ses certitudes tyranniques contre qui ne les partage pas. Le remords qu'il éprouve, après ces sorties qui l'épuisent et où son mal physique entre pour une large part [1], l'atteint d'ailleurs dans son orgueil plutôt que dans sa conscience : s'il ne veut pas voir Hudson Lowe, c'est qu'il éprouve une humiliation intérieure à ne pouvoir, en sa présence, garder le plein contrôle de ses nerfs. Une assemblée le trouble, l'exaspère, parce qu'elle lui enlève les moyens qui n'ad-

---

1. Bourrienne.

mettent ni la critique, ni la discussion. Il est brusque avec les femmes, parce qu'au fond il en a peur. La plèbe l'écœure et l'effraie. Devant les assemblées, les femmes, la plèbe, il est hors de son élément. Son élément c'est la solitude intérieure, c'est-à-dire le pouvoir suprême qui réalise, à condition qu'il soit une conquête personnelle, la solitude des sommets, ou bien la foule militaire, solitude elle aussi, dans le silence qui l'entoure et par l'anonymat grandiose de ses passions. Là, vraiment, ses nerfs sont à lui. Il n'emploie pas qui le dessert, mais qui le sert est sûr d'être mis à sa place, même quand il n'en est pas aimé, même quand il ne l'aime pas. « *L'homme véritablement homme ne hait point... Sa colère et sa mauvaise humeur ne vont point au delà de la minute. Il ne voit point les personnes. Il ne voit que les choses, leur poids et leurs conséquences.* » « Il n'était pas homme, dit Bourrienne, à sacrifier les exigences de sa politique à ses ressentiments personnels. » Il va prendre où il est, fût-il dans les rangs ennemis, celui dont il a besoin. Il emploie à leur heure des hommes qui le haïssent, Gouvion Saint-Cyr, Lecourbe, Macdonald, et ce sont eux, parmi ses lieutenants, qu'il respecte visiblement le plus. Son accueil généreux attendrit Carnot. Il appelle Benjamin Constant qui l'insultait la veille et qu'il charge, sans un reproche, d'appliquer ses idées près de lui. Recevant, comme consul, une lettre de Kléber adressée au Directoire, lettre pleine d'accusations d'ailleurs matériellement fausses contre lui, il lance à l'armée d'Égypte une proclamation où on lit cette phrase : « *Portez à Kléber cette confiance sans bornes que vous aviez en moi. Il la mérite.* » Que de révoltes sourdes il lui fallut dompter pour écrire ces simples mots !

« La fortune, dit Machiavel, ne peut rien contre les grands hommes. Que son inconstance les élève ou les abaisse, elle ne change ni leurs desseins ni leur fermeté d'âme si dépendants de leur caractère qu'ils sont inaccessibles à ses coups. » Et en effet, pour celui-là, aucun incident personnel ne le détourne de sa route. Il y puise, au contraire, la force d'aller plus loin, parce qu'il exerce, pour le vaincre, ses plus vivantes facultés. Nul obstacle ne le rebute. Nul échec ne le décourage. Nulle catastrophe ne l'abat. C'est quand tout le monde s'affole qu'on reconnaît le chef, et qu'on le suit. Et tous vont où il va, parce qu'il fait, à cet instant précis, le geste qu'il convient de faire. Avec ferveur, ce geste procurant des voluptés particulières *, même s'il détruit son repos. Même s'il engage sa fortune. Même s'il met sa vie en jeu... A Arcole, il se jette sur un pont râclé par les balles, parce qu'il n'aurait pas, s'il ne faisait ce qu'il fait, la victoire qu'il lui faut. En Égypte, dans le désert, il refuse de boire avant le dernier soldat. A Jaffa, parce que la dépression morale accable son armée, il rend sa visite à la peste. Il franchit le Guadarrama à pied, dans la neige et la tourmente, au milieu de ses fantassins. A Brienne, il lance son cheval sur une bombe qui éclate, parce qu'il vient de surprendre l'hésitation de ses conscrits. « *Le courage vient de la pensée. La bravoure n'est souvent que l'impatience du danger.* »

Le péché ne commence pas avec la peur, la dureté, la haine ou la colère, mais avec la qualité du geste que la peur, la dureté, la haine ou la colère nous portent à accom-

plir. Il est le fait de l'impulsif incapable d'imaginer à ses
passions un visage qui les élève au-dessus des appétits
vulgaires et de leur satisfaction immédiate, pour édifier
en lui le monument de sa personnalité totale dont les
défauts, les vices même, participent à nourrir l'harmonieux
développement. L'indulgence fait commettre à Napoléon plus de fautes — et peut-être de crimes — que la
sévérité. Mais hors les sentiments bourgeois et familiaux
dont tous signalent en lui la constance pour le blâme ou l'a-
pologie, aucune des tentations banales où trébuchent tant
d'énergies, même si elle parle à sa chair, n'a de prise sur
son esprit : « *L'homme fort est celui qui peut intercepter
à volonté la communication entre les sens et la pensée.* »
Ni les femmes, ni les flatteurs, ni le pouvoir, ni la popularité, ni la rancune ne le détournent de son but.

IV

LE MÉTAL

IV

LE MÉTAL

I

Au fond, ce sont nos plus vulgaires intérêts qui nous empêchent à peu près tous de porter sur l'homme d'action le jugement impartial que quelques-uns de nous accordent parfois au poète. La plupart ne voient le poète que quand il tient le bâton de l'orchestre et que les faiblesses et les misères qui lui sont communes avec nous s'effacent de son geste tout à coup. Voici, alors, dans la montée de l'enthousiasme, le flot ordonné des idées, une sorte d'enivrement lucide qui retient, avec une sûreté prodigieuse, tout ce qu'il ne faut pas livrer, glisse sur ce qu'il ne faut pas souligner, abandonne joyeusement à l'expression triomphale les seules cimes du rythme, les seuls grands contours de la forme, les seuls accents pathétiques de la couleur et du mouvement. Pourquoi n'accordons-nous pas à l'homme d'action ce crédit magnanime ? La tâche de l'homme d'action est infiniment dramatique. Jugez-en. Le sillon s'ouvre, il voit l'extrémité du champ. Mais le soc heurte un corps compact, s'ébrèche, ou dévie, ou bien s'effondre et plonge en quelque tourbière cachée, qui l'engloutit. La matière est moins pressée que sa propre imagination. Car son art ne s'exerce pas sur la masse inerte et passive des sons, des formes, des couleurs, des mots même, mais sur le monde contradictoire, cruellement impulsif et complexe, et rebelle, des sentiments et des passions. Sa matière à lui, c'est l'homme. Il y rencontre des résistances actives que le peintre, ou le sculpteur, ou le musicien ignorent, ayant seulement à combattre celles qui viennent du dedans. L'accusation d'injustice, d'arbitraire, d'immoralité, de tyrannie attend chacun de ses gestes. Et si le poète, du moins de son vivant, peut rester seul sans qu'on y prenne garde, l'homme d'action ne parvient à l'autonomie créatrice qu'à condition de soumettre les âmes, entraînées dans son mouvement ou subjuguées par son vouloir, à une obéissance qui les aveugle, ou les révolte. Si l'homme d'action transige, il affaiblit d'autant son acte. S'il ne transige pas, il est un monstre. Il vit le drame continu de la responsabilité.

Celui-là le sait. Et il l'accepte. Et jusqu'au bout. Et quoiqu'il arrive. Car il avoue, s'il s'est trompé. Qu'on ne lui parle pas, à propos de ses fautes — la Russie par exemple, — des suggestions de ses ministres, des erreurs de ses lieutenants : « *J'étais le maître, répond-il, c'est à moi qu'incombe toute la faute.* » Il se réserve ainsi le droit vivant de les juger. Il leur ôte le droit de se soustraire à son commandement. Et, la plupart du temps, l'envie. « *Quand j'ordonne, on m'obéit, parce que la responsabilité est sur moi.* » La sienne, il le sait bien, est formidable, mais il porte en lui-même et fait éclater dans ses gestes une telle

grandeur de conception et de moyens qu'il voit, du même
coup, graviter dans son orbite de plus en plus rapide-
ment, tous les esprits. L'intérêt de chacun est de lui obéir *,
non pas seulement parce qu'il est juste et récompense,
non pas seulement pour le bénéfice matériel que chacun
en retire, puisqu'il maintient le risque, et le plus terrible
de tous, suspendu sur toutes les têtes. Mais pour les
bénéfices moraux qu'assure à chacun la libération des
énergies qu'il ne se soupçonnait pas et que lui révèle une
volonté infiniment plus forte que la sienne en discernant
en lui et en jetant dans l'action vivifiante les germes des
qualités qui lui sont propres et le placent à son rang.
« *Je refroidis les têtes chaudes, et j'échauffe les têtes froides.* »
Il a le don, en les rudoyant souvent, en les caressant
quelquefois, en tout cas en les regardant, de révéler aux
gens la possibilité d'atteindre un équilibre dont les éléments sont en eux. « *Les hommes sont ce que l'on veut qu'ils
soient.* » Il délivre, en effet.

Il délivre. Et c'est là, surtout, qu'est le secret de sa
puissance. Il délivre de la critique. Il délivre du choix.
En un mot, de la décision. Peut-être prépare-t-il ainsi
les hommes à lui manquer au jour de l'infortune, aucun
d'eux n'étant plus capable d'oser quand il n'est pas là ?
Mais toute grande action ne fait que déplacer des forces,
qui font défaut partout où elle ne s'exerce pas. Peut-être
aussi abaisse-t-il, de son vivant et hors du rang, les caractères, bien que la hache révolutionnaire se soit chargée
de trancher les plus hauts ? Mais il les forge et les élève
dans le rang. Peut-être crée-t-il, en un mot, des esclaves ?
Mais c'est la condition de toute espèce de grandeur,

qu'on se nomme César, ou Jésus, ou Michel-Ange, et quel que soit l'empire où l'on exerce son pouvoir.

2

Quand l'orgueil, l'ambition, la possession de sa propre personne se soudent ainsi l'un à l'autre pour fournir aux dons naturels d'un homme l'armature de fer et d'or qui leur donne la puissance d'imprimer sa forme à l'univers, il se produit en lui un singulier phénomène. Normal d'ailleurs, irrésistible comme la marée ou la nuit. Il a le sentiment confus que sa destinée s'absorbe dans la substance de ce dieu des véritables mystiques, qui n'est qu'ignorance des fins mais aussi pouvoir monstrueux à les poursuivre à travers les images successives qui se placent entre elles et lui et se dérobent, sans qu'il parvienne à les saisir. « *Je me sens poussé vers un but que je ne connais pas. Quand je l'aurai atteint, un atome suffira pour m'abattre.* » Ce fatalisme-là n'est nullement systématique. Aucune croyance, aucune doctrine, aucune superstition ne le conduit. Il est une obéissance instinctive aux mouvements intérieurs dont la puissance détermine son orgueil, dont la direction constante exige son ambition et qui le veulent maître de lui-même pour qu'il puisse les discerner. Fonction de son génie, il est l'instrument de ses joies, mais en même temps de ses souffrances, car s'il a le pouvoir de diriger au profit de ce fatalisme ses facultés et ses actions, il n'a pas celui de résister aux ordres obscurs qu'il en reçoit et qui le promènent, à travers les foules humaines

et les solitudes du cœur, sur des chemins ensanglantés :
« *Toute ma vie j'ai tout sacrifié, tranquilllité, INTÉRÊT,
BONHEUR, à ma destinée.* »

Comment ne pas reconnaître, dans cette attitude et
ces mots, le son de l'héroïsme antique ? Là encore, le
grand Méditerranéen s'affirme, non empêtré de moralité
négative et d'hypocrisie intéressée. C'est la vertu selon
Plutarque, l'homme qui stylise sa vie. L'homme qui suit
sa voie, plus cruelle encore pour lui-même que pour les
autres, afin de conduire et lui-même et les autres vers une
forme du type humain que la fatal·· domine mais qui,
par une revanche sublime, cherche dans les traquenards,
les catastrophes, les deuils de la fatalité, une nourriture
spirituelle capable d'élargir et de tremper cette vertu.
Ce n'est pas seulement celle du fort. C'est aussi celle
du sage. C'est enfin celle du poète qui est au point d'équilibre lyriq ·· où le sage et le fort amalgament, en une forme
unique, l'harmonie de l'intelligence et l'ivresse de la sensation. « *Il faut être plus grands MALGRÉ NOUS,* »
écrit Napoléon à Alexandre avec l'incroyable innocence
du poète qui, en dépit des ricanements, des rebuffades
ou bien des adhésions trop empressées et souriantes,
tombe toujours dans l'illusion qu'il n'a, pour être compris,
qu'à agir ou même à paraître : « *Il faut être plus grands
malgré nous. Il est de la sagesse et de la politique de faire ce
que le destin ordonne et d'aller où la marche irrésistible des
événements nous conduit.* »

Loin d'annihiler la volonté, ce fatalisme-là la détermine
et l'exalte. Elle est l'une de ses fonctions. L'homme fait
un effort constant pour se tenir à la hauteur des événe-

ments quels qu'ils soient, sachant bien qu'il peut s'attendre à tous les événements. Par un renversement grandiose de la signification des mots, celui qui est en proie à cette énergie toujours tendue en vue du risque, et du drame, et de la conquête, en arrive précisément à nier la volonté. « *Plus on est grand, écrit Napoléon, et moins on doit avoir de volonté ; l'on dépend des événements et des circonstances... Je me déclare le plus esclave des hommes. Mon maître n'a pas d'entrailles, et ce maître, c'est la nature des choses.* » Ironie de la candeur, rire ingénu du monstre de vouloir le plus accompli de l'Histoire et qui, parce qu'il le voulût, força l'Histoire à se précipiter dans le sillage de sa vie qui les menait, tout mêlés l'un à l'autre, vers de communs horizons ! Ici, la mystique de l'héroïsme est arrêtée en traits définitifs. Le poète est prisonnier de sa propre tâche sur la terre, serviteur de ses images, victime de sa grandeur. Il replonge dans l'inconscient sa conscience, et celle des hommes. Il confond le destin des hommes avec son propre destin. Et pour la première fois sans doute depuis le vagabond de Galilée, il a raison.

Il a raison. L'égoïsme qu'on lui reproche, c'est celui de ceux d'entre les hommes qui s'appartiennent le moins. J'ai nommé Jésus. Mais il y a aussi Çakya-Mouni. Et tous les grands chasseurs d'images, Shakespeare ou Rembrandt, Rubens ou Beethoven, Gœthe ou Hugo. Et tous les grands meneurs d'idées, Isaïe ou saint Paul, Luther ou Loyola, Pascal ou Nietzsche. Qui comptera les victimes de Phidias ou de Michel-Ange, ou de Corneille ? Après trois ou quatre siècles, ou vingt-cinq, pour suivre celui-ci ou celui-là, on meurt sur une barricade ou un champ de bataille, ou on mutile sa pensée, on se crève les yeux, ou le tympan. Pour lui ressembler davantage, on arrête son cœur. Déjà, de son vivant, il allait seul sur les chemins, souffrant certes de voir sa femme, ses enfants, ses frères désorientés, malheureux parce qu'il ne s'occupait pas suffisamment de les aimer, de les choyer, hypnotisé qu'il était par la forme à la fois grandiose et indistincte qui courait devant lui, mais marchant quand même toujours, les oreilles bouchées pour ne pas entendre leurs plaintes. Vous vous imaginez, peut-être, qu'il ignore tout cela ? Comme vous le connaissez mal ! Il les plaint bien plus que lui-même, car, au sein de ce prétendu égoisme qui n'est qu'illusionisme immense, il puise la consolation. « *Je suis moins malheureux*, dit celui-là à Sainte-Hélène, *que ceux qui sont attachés à mon sort.* » Mais ne faut-il pas qu'ils le soient ? La croix des grands suppliciés pèse sur toutes nos épaules. Les enfants de Dostoïewsky n'eussent jamais eu faim si leur père eût consenti à être chambellan du tzar. Et si Jésus eût reconnu sa mère, peut-être que des millions d'hommes eussent échappé au supplice. Et Dante n'eût pas abandonné sa famille sur les ruines de sa maison s'il n'eût ouvert aux Gibelins — ou aux Guelfes, ça m'est égal — les portes de Florence. Et Jean-Jacques, s'il n'eût trahi le secret d'une femme, mis ses bâtards au tour et calomnié ses amis, n'eût pas écrit les *Confessions...* Le fils du grand Lamarck ne trouve à dire de son père qu'une chose, c'est qu'il a mal géré son bien.

« *Je suis très égoïste.* » Vous quitterez tout pour me suivre, vos parents, vos amis. Car la capture du fantôme que je poursuis a tant d'importance pour l'homme, car il est d'une telle taille que je n'aurai pas trop avec moi de tous les hommes pour m'aider à le saisir. Je ne puis tolérer qu'il y ait un obstacle quelconque entre moi et ce fantôme, et que vous ne voyiez pas cet obstacle comme moi et que vous n'employiez pas toutes vos facultés à le briser avec moi. Ce n'est pas moi qui suis cruel. C'est ce fantôme. Vous vous plaignez ? Vous vous plaignez ! Et vous réclamez le repos ! Et moi ! Et moi ? Croyez-vous donc que je ne souffre pas ? Vous vous demandez où sont mes blessures ? C'est que l'illumination de mes yeux vous empêche de les voir : « *Ne voyez-vous pas, Caulaincourt, ce qui se passe ici ? Les hommes que j'ai comblés veulent jouir, ils ne veulent plus se battre. Ils ne sentent pas, pauvres raisonneurs, qu'il faut encore se battre pour conquérir le repos dont ils ont soif. Et moi donc, est-ce que je n'ai pas aussi un palais, une femme, un enfant ? Est-ce que je n'use pas mon corps dans les fatigues de tous genres ? Est-ce que je ne jette pas ma vie chaque jour en holocauste à la patrie ? Les ingrats !... Il n'y a que mes pauvres soldats qui y vont bon jeu bon argent. C'est affreux à dire, mais c'est la vérité. Savez-vous ce que je devrais faire ? Envoyer tous ces grands seigneurs d'hier dormir dans leurs lits de duvet, se pavaner dans leurs châteaux, et recommencer la guerre avec de jeunes et purs courages.* »

3

Il est le plus jeune. Il est le plus pur. Aussi le voilà désarmé, hors des gestes qu'il faut pour atteindre le fantôme. Que lui importe, à lui qui porte dans le cœur les palais enchantés du monde imaginaire, tous ces châteaux, ces sacs d'or, ces dorures aux habits ? Il a dit, je ne sais trop quand, qu'un louis par jour eût suffi à ses besoins personnels. Il a les deux mains ouvertes. Y puise qui le veut bien. Il paie toutes les dettes, celles de ses parents, celles de ses soldats, celles des inconnus qui lui écrivent. Il subventionne de ses deniers l'industrie, le commerce, règle le prix des constructions de ponts, de routes, de canaux. Il dote et remplit les musées. Il ne possède rien qui ne soit en même temps aux autres. Il a le dédain complet, ou mieux l'indifférence, de tous les biens matériels. Le faste qu'il déploie n'est qu'un des moyens de son système : « *Ma propriété est dans la gloire.* »

On le voit bien dès son enfance. Il a connu toutes les générosités expansives, toutes les amitiés fanatiques des jeunes gens qui n'ont pas encore entrevu les vastes cieux que leur imagination enferme et se jettent sans transition, ce qui les fait paraître ridicules, des silences convulsifs devant les railleurs et les brutes, aux enthousiasmes mal réglés dès qu'un esprit ou un cœur les écoute, pour toutes les chimères qui traversent leur sentier. Il lit Jean-Jacques, il lit Ossian, même Bernardin de Saint-Pierre. Il dévore les écrits des philosophes et cherche à les imiter. Il veut venger sa patrie corse. Mais que la Révolution éclate, il l'accueille ardemment, jusqu'à se faire chasser, avec tous les siens, de sa patrie corse pour elle. Il conservera toujours ces deux aspects, contradictoires en apparence, qui ne dépendent en réalité que de l'interlocuteur. Il se fermera pour les niais, se livrera aux enthousiastes, de confiance d'ailleurs, et sans éprouver la solidité des assises de leur ferveur. Il confiera ses grands projets à l'ondoyant et charmant Alexandre, si prêt à devenir un fourbe quand les circonstances le voudront. Il l'appellera son ami, l'embrassera, se promènera à son bras des heures. Devant Desaix, devant Fox, devant Rœderer, devant Gœthe, il s'épanchera sans réserve. Ou devant le moindre visiteur qui manifestera quelque attention, ou quelque intelligence, ou quelque flamme. Mais maintenant ce sera sa chimère à lui qu'il décrira devant eux. Il croira dès l'abord à la fidélité, à l'imagination, à la générosité des autres, les jugeant tous d'après lui *. Quand il se livrera à l'Angleterre, il ne doutera pas qu'elle l'accueille comme il eût accueilli lui-même un grand Anglais qui fût venu lui demander le sel, le pain, l'eau et l'abri.

J'ai parlé du pardon. J'ai parlé de l'oubli. Cela va bien au delà du pardon, au delà même de l'oubli. Le jugement lointain, d'ensemble, intervient pour peser les hommes, et c'est celui du fataliste qui connaît mieux que personne l'action des événements sur les âmes, de l'égoïste supérieur qui sait le secret des mobiles, de l'homme de volonté surnaturelle qui ne peut en vouloir aux autres de n'avoir pas osé franchir, pour accroître et cultiver une volonté comparable, les maux qu'il a soufferts. « Dans la complication des circonstances de sa chute, écrit Las Cases, il voit les choses tellement en masse, et de si haut, que les hommes lui échappent. Jamais on ne l'a surpris animé contre aucun de ceux dont on croirait qu'il a le plus à se plaindre. Sa plus grande marque de réprobation... est de garder le silence sur leur compte quand on les mentionne devant lui. » Parfois même de les défendre, parce qu'il a si puissamment vécu qu'il sait, n'ayant pas trébuché, pourquoi tous les autres trébuchent. Ils ne sont pas mauvais. Ils vivent selon leur nature. Et la fatalité pèse sur eux comme sur lui : « *Vous ne connaissez pas les hommes, ils sont difficiles à saisir quand on veut être juste. Se connaissent-ils, s'expliquent-ils bien eux-mêmes ? La plupart de ceux qui m'ont abandonné, si j'avais continué d'être heureux, n'eussent peut-être jamais soupçonné leur propre défection. Il est des vices et des vertus de circonstance. Nos dernières épreuves sont au-dessus de toutes les forces humaines ! Et puis, j'ai été plutôt abandonné que trahi ; il y a eu plus de faiblesse autour de moi que de perfidie : c'est le reniement de saint Pierre, le repentir et les larmes peuvent être à la porte. A côté de cela, qui, dans l'Histoire, a eu plus de partisans et d'amis ? Qui fut plus populaire et plus aimé ?... Non, la nature humaine pouvait se montrer plus laide, et moi plus à plaindre !* » Ce sont déjà les premiers accents du pessimisme romantique suivi du consentement stoïcien de l'homme qui a su le vaincre en s'abandonnant à l'action.

4

Ce pessimisme, il me semble, conditionne la liberté. Je ne crois pas que Napoléon ait jamais indiqué aux hommes un but idéal à atteindre, un but exigeant la croyance en l'une de ces entités — justice, liberté, bonheur, — avec lesquelles il est si facile de remuer les multitudes. Il s'adressait constamment à leur énergie latente qu'il cultivait par les moyens les plus virils, à leur honneur qu'il invoquait, à leur émulation qu'il exaltait. L'optimisme social des conducteurs de peuples, au contraire, celui qui montre au peuple une idole métaphysique ou sociale à conquérir, exige une abdication immédiate de leur propre liberté. Il faut qu'ils croient, — pour y faire croire, — à des réalités situées en dehors d'eux-mêmes, accessibles à tous, non par le risque et l'effort personnels, mais par la soumission constante à un certain nombre de commandements dont la transgression leur est représentée comme un crime. Bêtes de troupeau eux-mêmes, souvent généreuses, ils conduisent des troupeaux. Entre Napoléon et saint Paul, par exemple, il y a l'abîme qui sépare le maître de l'esclave, et aucun des deux n'a le pouvoir de le franchir.

« Je n'ai jamais, disait Stendhal, respecté qu'un homme : Napoléon. » C'est qu'il n'avait jamais rencontré un autre homme qui sût se faire respecter. A la fois, prenez-y garde, ou alternativement, par la terreur et par l'amour. Amour conquis, terreur conquise. Il ne s'agit pas là des moyens matériels dont la tyrannie dispose, mais des moyens moraux qui éclatent dans les actes et qui révèlent, chez celui qui les accomplit, l'impitoyable volonté d'aller jusqu'au bout de son être, dût-il, pour atteindre ce but, tuer et mourir. Napoléon a été, parmi nous, le dernier des hommes antiques, et l'un des rares hommes libres que le monde ait connus.

Il n'y a que deux moyens d'être un homme libre : qu'aucun homme ne vous commande dans le domaine de l'idée, ou commander à tous les hommes dans le domaine de l'action. Faites bien attention que ces deux moyens-là sont d'une conquête aussi malaisée l'un que l'autre et que tous les deux conditionnent, en dernière analyse, une domination complète de soi-même en vue d'une harmonie géante à imposer un jour ou l'autre, durant sa vie, ou après sa mort, ou peut-être bien pour jamais ailleurs que dans sa fierté solitaire, au patrimoine spirituel de l'univers. Je l'ai dit. Cette domination de soi forme, par le moyen de ceux qui la subissent, des générations d'esclaves, mais elle met aussi sur la voie héroïque les quelques esprits qui sont dignes de la liberté. J'ai parlé de délivrance. Ce n'est point la libération. Délivrer de la responsabilité, c'est asservir à une volonté qui n'est pas la vôtre. Libérer, au contraire, c'est asservir à la responsabilité qui est la vôtre. Qu'on s'appelle Jésus, qu'on s'appelle Masaccio, qu'on s'appelle Montaigne, qu'on s'appelle Sébastien Bach, qu'on s'appelle Napoléon, on délivre les âmes pauvres, on libère les âmes riches. Et ce faisant on les rend, les unes et les autres, à leur personnelle vertu. On oblige celles-ci à regarder en elles-mêmes le spectacle des forces spirituelles s'attachant à créer, par l'introspection enthousiaste, la curiosité passionnée, le goût du risque et l'effort continu, leur autonomie. Tant pis pour qui s'étrangle avec la moelle des lions : « *L'homme supérieur n'est sur le chemin de personne.* »

L'imagination délivrée couronne cette liberté, dont le fatalisme est la base. Une imagination puissante, qui dépasse sans cesse les actes de l'individu, qui brise constamment les chaînes antérieures de l'éducation, de la mémoire, de l'habitude et de la peur, qui lui fait atteindre chaque jour une autre cime, découvrir de là d'autres plaines à envahir, et qui ne lui permet d'apercevoir, soit à sa puissance d'expression, soit à sa puissance d'action, d'autres limites que celles de ses facultés dont il ignore d'ailleurs l'étendue. « *Je ne vis jamais que dans deux ans.* » C'est moins de temps qu'il ne fallut, quand presque enfant, fiévreux, galeux, râpé, il arriva avec ses misérables bandes sur les hauts cols des Alpes piémontaises, pour livrer « *la terre promise* » à leur ferveur de croisés mystiques et de poètes pillards. C'est moins de temps qu'il ne fallut pour conduire sa Grande Armée des embruns de la Manche aux boues de la Pologne, en passant par Vienne et Berlin. C'est moins de temps qu'il ne fallut pour confronter, au pied des Pyramides, la jeune civilisation occidentale avec la plus ancienne et la plus oubliée des civilisations d'Orient. C'était le temps qu'il eût fallu, s'il avait pu contraindre l'univers à lui obéir tout entier, pour briser la fortune anglaise aux remparts continentaux. C'était le temps qu'il eût fallu, s'il avait pris Saint-Jean d'Acre, pour aller de Syrie dans l'Inde. C'était le temps qu'il eût fallu, en partant de Madrid et râflant Moscou au passage, pour se rabattre sur Constantinople et prendre l'Europe à revers. On eût dit que par l'Italie, l'Égypte, la Palestine, ou par-delà la Vistule et vers les empires Mongols, il fût sans cesse à la recherche de la source du soleil. « *Les grands noms ne se font qu'en Orient.* » Il y marchait sans cesse, les brumes de l'océan étant barrées par l'Angleterre, comme s'il eût voulu faire le tour du globe pour la frapper dans le dos. Il avait suffi qu'il parût pour bouleverser non seulement toutes les conceptions politiques, guerrières, morales du moment, — phraséologie creuse, manœuvres timides, principes restrictifs, — mais aussi pour crever les cloisons de la durée et de l'espace, précipiter l'Histoire. entière et le globe entier dans le lieu même où il était, et les recueillir en son cœur pour les inonder de sa force et les en faire refluer. La distance, le temps n'étaient pour lui, sur le damier de la planète, que des pions dont il combinait la marche avec les mouvements de ceux que représentaient ses armées, sa politique, les sentiments et les passions qu'il soulevait. « *L'imagination*, disait-il, *gouverne le monde.* » Evidemment, puisque, dès son apparition, le monde se tourna vers lui.

Vingt ans, les vingt ans de sa vie active — rien que vingt ans de vie active, et tant agir ! — les vingt ans qu'il mit à imaginer son poème, je le vois en état d'ivresse lyrique. Je le vois passant au travers de son action immédiate pour bondir au delà d'elle, et comme un mot, dans le discours, enferme et détermine l'autre, trouvant en chacun de ses gestes le départ du geste suivant. Je le vois poursuivant sa symphonie grandiose qui s'élargissait d'acte en acte, précipitant ses ondes sans cesse accrues et plus pressées et plus sonores dans son imagination exaltée qui se maintenait à leur centre et puisait, à même leur flot, sa nourriture et son courage. Je le vois seul, avec tout l'univers qui tourbillonnait dans son âme. Il courait éperdu mais lucide, et le cœur battant à coups réguliers, dans le sens du siècle haletant qui avait peine à le suivre. Il s'éblouissait de ses mirages. Il s'enivrait de sa force. La vie universelle existait pour lui obéir. « *Je voyais le monde fuir sous moi comme si j'étais emporté dans les airs.* »

V

LA MATRICE

V

LA MATRICE

I

Une médaille sort toujours d'une matrice. Un homme ne tombe pas du ciel. Il est lié, par son milieu, par son éducation, par son atavisme et sa race, à un ensemble de circonstances, d'événements et de fatalités qui déterminent sa nature et sa fonction. Même s'il paraît, comme celui-là, autonome. Surtout s'il paraît autonome. Car alors, nous l'avons vu, il est le plus obéissant des êtres, et le sait, et le dit. Sa puissance est telle qu'elle emprunte incessamment à toutes les énergies de la durée et de l'espace son aliment. Plus l'homme est personnel, moins il est égoïste. Plus il est libre, moins il est indépendant. Plus il se possède, moins il s'appartient.

Il me semble que les Français, entre tous les peuples, comprennent mal Napoléon parce qu'ils le prennent la plupart du temps pour un des leurs et ne songent à peu près jamais à ses origines. Détracteurs ou apologistes cherchent en lui des qualités françaises, et, comme ils ne les trouvent pas, ils forcent et faussent l'image, afin de la mieux-saisir. Napoléon est Corse, surtout Italien [1], et j'ai déjà dit le caractère essentiel, — cette concentration de l'âme entière autour d'une passion centrale en faveur de laquelle toutes les autres sont utilisées ou refoulées, — qui le marque dès l'abord. Cette insatiable soif de gloire, qui fait serrer les dents et pâlir le visage sous la crispation du cœur, en découle immédiatement. Mais ce n'est pas tout. Cette race étrange, la plus différenciée d'Europe, à qui son anxiété continue et dissimulée de domination assure la rigidité et la souplesse de l'épée, se reconnaît à bien d'autres accents.

Il y a l'amour de l'unité dans l'ordre, d'un ordre qui n'est pas du tout celui que nous cherchons en France, et que nous ne connaissons d'ailleurs guère autrement qu'idéal, répandu dans nos monuments, nos jardins, nos tragédies, notre musique, toute notre littérature, sans doute parce que le désordre politique et social est au contraire à peu près continu. D'un ordre non plus seulement spéculatif comme chez nous, mais organique, sculpté dans la matière vivante elle-même par une discipline cruelle des plus redoutables passions. D'un ordre qui n'est pas une attitude résignée des plus sages parties de l'être vis-à-vis des plus grossières, mais une victoire des plus noblement passionnées vis-à-vis des plus impulsives. Toute la distance qui sépare l'intellectuel de bonne compagnie, supérieurement sceptique, et cherchant au milieu de la sottise générale une harmonie spirituelle qui l'en isole de son mieux, de l'être déchiré qui porte constamment en lui

---

1. « *Je suis Italien ou Toscan, plutôt que Corse.* »

le drame et cherche à imprimer au déroulement du drame la forme de sa volonté. La mesure n'est plus la même. Et d'ailleurs, ici, ce terme de « mesure » ne convient plus. Là, c'est le sentiment statique des proportions harmonieuses qui peut inscrire tout entier dans l'espace intellectuel l'antagonisme des passions. Ici, c'est un équilibre dynamique entre ces passions elles-mêmes que le besoin de définir son être conquiert, à toutes les heures du jour, dans le cœur de l'homme puissant. L'équilibre italien, la mesure française sont aux deux pôles opposés, ici dans l'intelligence et là dans la fureur de vivre. Un rêve gigantesque exige de gigantesques moyens. Il faut se décider à ne pas considérer comme des hommes comparables, parce qu'ils font le même métier et le font bien l'un et l'autre, Michel-Ange et Chardin. Il ne me semble pas utile de multiplier les exemples. Colbert rend ses édits, ses ordonnances, toutes choses vues du dehors, répondant à un système d'unification politique, administrative et esthétique définies d'abord dans l'esprit. Napoléon établit une société neuve, organiquement refondue, sur les droits soi-disant naturels de l'homme réclamés par le siècle qui l'a nourri. Il substitue la loi au règlement. La manœuvre de Turenne obéit aux suggestions de la plus pure et de la plus droite méthode. Celle de Napoléon puise ses inspirations les plus irrésistibles en des visions de lignes et de masses qui le traversent en éclairs. Il substitue à la raison pure l'imagination.

Il y a autre chose, et cela surtout, il me semble, est capital. C'est qu'il ne connaît pas, en tant qu'Italien, le sentiment du ridicule, ou s'il le connaît, il le domine, la passion parlant plus haut. Je n'ignore pas qu'il répond, un jour qu'on l'encense, « *du sublime au ridicule il n'y a qu'un pas.* » Mais précisément sa marche est trop ardente et trop rapide pour que, ce pas franchi, on remarque la trace qu'il imprime au sol. Il traverse le ridicule, simplement, comme un boulet troue un décor de carton-pâte, sans s'en apercevoir, sans que nul ne s'en aperçoive, le décor ne résistant pas, le boulet broyant le rieur. Français, il n'eût pas essayé d'être Napoléon, par crainte du ridicule. Allemand, il eût essayé, mais, ne pensant pas assez vite, le ridicule l'eût bientôt submergé. Anglais, il eût réussi, peut-être, mais il eût recouvert d'instinct son ridicule d'un hausse-col de puritain. L'Italien est le seul qui n'ait pas peur du ridicule — songez aux proclamations, à la manœuvre même, par son audace et son imprévu, au titre d'Empereur, aux cérémonies du sacre, à la noblesse impériale, au mariage autrichien, — parce qu'il porte en lui une véhémence de vie qui emporte le ridicule comme un train emporte le vent. Je pense encore à Michel-Ange, à ses contorsions monstrueuses, à ses bons dieux à grande barbe qui volent à travers la nuit, mais dont une volonté inconcevable rythme sans cesse l'expression. Je songe à Tintoret, avec son mouvement que rien ne distingue d'une espèce d'orgie acrobatique, sinon l'ordre tumultueux que lui impose son grand cœur. Je songe à Giotto, dont les groupes ne rassembleraient que des comédiens grimaçants si le pathétique profond de la vie sentimentale n'inscrivait le moindre de leurs gestes dans un ensemble harmonique suave comme la plus belle voix. Et je ne puis m'empêcher de croire que les Français, si furieux contre ceux d'entre eux qui veulent sortir de la foule, si dédaigneux de leurs véritables artistes, si épris de tous les artistes qui viennent d'ailleurs que chez eux, ont accueilli Napoléon grâce précisément au caractère étrange et tout à fait disproportionné à leurs mesures habituelles qu'ils lui ont soudain reconnu. On l'a déjà vu, je le crois.

2

Cet Italien, qui vient conquérir la France, et, après la France, l'Europe au moyen du peuple français débarrassé de ses nobles, est un noble. Il est très fréquent, et presque constant, dans l'Histoire, que ce soit un transfuge de l'aristocratie qui conduise au combat les foules avides de s'émanciper. Voici Périclès. Voici César. Voici Napoléon. Qu'il partage ou non leurs passions il les comprend, les approuve et apporte, au service de ces forces jeunes, le secours d'une culture séculaire de volonté et de domination qu'une éducation généralement supérieure à celle de ses subordonnés affine encore. Qu'on ne m'objecte pas que Bonaparte est petit noble. D'abord, ce n'est pas sûr. Sa famille a régné en Toscane, ou en Emilie, je ne sais. Mais surtout ces familles patriciennes corses, pauvres, fières, jalouses, vivant sous la menace perpétuelle, dans un milieu d'atroces rivalités de clan et de brigandage chronique, ont conservé une aptitude à commander évidemment supérieure à celle des nobles français, prêts à mourir par élégance mais pourris, depuis deux siècles, par leur domestication. Quand naît Napoléon, l'île est en pleine révolte. Sa famille est deux fois traquée, deux fois proscrite, par les Français d'abord, par les Corses ensuite. C'est la fuite dans le maquis, puis sur la mer, la maison pillée et brûlée, la misère, une mère avide et ardente, huit frères et sœurs affamés dont, à seize ans, il s'institue le protecteur. Un autre eût succombé, courbé l'échine. Lui reste pur. Mais la rancune et le mépris pour sa caste qui le raille et le rabroue s'amassent dans un espi⁺ travaillé par l'idée du siècle. Le chef se forme, muré da son orgueil farouche et son silence, au milieu d'événem⸴ 's terribles qu'il suit avec avidité.

Le chef. Regardez-le. Je sais bien qu'à part quelques stigmates, — pas toujours avouables d'ailleurs, — et entre autres, dit-on, parmi les mieux portés, la gracilité des attaches, la petitesse des pieds, des mains, — mais est-ce vrai ? on a parlé, d'autres fois, des géants qui portaient l'armure, — la noblesse le sang d'un homme n'apparaît que rarement. La grandeur des manières vient de l'éducation, surtout de la qualité même de l'esprit, la beauté du visage est le fait du hasard, son accent, sa majesté, sa grâce, sa force tiennent à la nature de la discipline intérieure que l'homme exerce sur lui. Tel bourgeois est de grande race, tel noble a l'air d'un laquais. Mais regardez bien celui-là. Ce n'est pas assez dire qu'il a le visage d'un chef. Il a celui d'un fondateur de dynastie, et mieux d'un créateur de mythe, de quelque dieu attendu, le plus marqué par le destin sinon le plus beau qu'il y ait eu peut-être sur terre depuis celui, inconnu, mais que *nous savons* admirable, de Jésus. L'antithèse de celui-ci, sans doute, par la condensation formidable d'audace, d'énergie, de puissance à vouloir, à vaincre, à dominer qui s'en dégage. Une face si essentielle qu'elle s'isole dans l'espace et la mémoire comme une de ces bornes illustres marquant le seuil d'un monde qu'on n'avait pas même entrevu.

Rien de commun avec aucun de ceux de ses contemporains, ni des hommes qui furent. Il est aussi loin d'eux par la structure de la tête que par les besoins et les rêves qui la modèlent du dedans. Et prenez garde que la beauté propre de cette physionomie surprenante change d'accent suivant l'étape où la volonté de l'homme l'a conduit. « Il a, dit je ne sais plus qui du général, le visage très long, le teint d'un gris de pierre, les yeux fort enfoncés, fort grands, fixes et brillants comme un cristal. » C'est l'ascète de l'action, le poète mangé de fièvre avec ses longs cheveux sans poudre, sa peau desséchée et livide, crispé dans l'anxiété grandiose de l'avenir qu'il entrevoit, jouant avec la destinée une partie terrible dont l'unique enjeu, de part et d'autre, à chaque minute qui tombe, sans un répit, sans un repos, est l'empire du monde et la mort. Plus tard, les creux qui se remplissent, les saillies qui s'estompent, la face tendant toute à continuer le crâne rond, le crâne énorme et presque dépouillé, pour former avec lui un bloc. L'assurance est venue, la maîtrise définitive, la foi qu'il saisira cet empire du monde comme moyen contre la mort. Il n'y a plus d'accidents dans le majestueux visage, d'un ton d'ivoire uni, calme et en qui la force est scellée, parce que l'homme a capté pour les réduire à son service toutes les passions qui jadis passaient parfois malgré lui dans le geste et se dispersaient trop encore aux accidents du chemin. Le nez pur, à peine busqué, qui paraît prolonger la double courbe des orbites, le développement grandiose des tempes et de l'os frontal, la mâchoire aux plans silencieux, la bouche sinueuse et ferme ne coupent plus d'arêtes trop aiguës l'édifice impérieux de la tête, qu'il porte élevée et droite et dont l'œil bleu, dans les traits immobiles, ne peut pas être fixé. « On a pu peindre son crâne proéminent, son front superbe, sa figure pâle et allongée et l'habitude méditative de sa physionomie ; mais la mobilité de son regard était hors du domaine de l'imitation. Ce regard obéissait à sa volonté avec la rapidité de l'éclair, dans la même minute il sortait de ses yeux vifs et perçants tantôt doux, tantôt sévère, tantôt terrible et tantôt caressant [1]. » Je le crois bien. Il était seul, dès lors, à jeter au dehors un esprit désormais assuré de ses armes et n'ayant plus à s'en emparer contre l'ironie, ou l'insulte, ou l'incompréhension de tous, dans une lutte épuisante pour les nerfs et pour le cœur. Une sérénité redoutable s'était assise dans son âme. Il ordonnait. Noble ou non, chef de peuple et d'armée, il était celui qui vient pour accomplir, envers et contre tous, une œuvre attendue et unique, et que tous reconnaissent aussitôt qu'il apparaît.

3

Sa noblesse, en tout cas, ne l'intéresse guère. Ce n'est pas par dilettantisme, ni par intérêt, ni par peur qu'il a

1. Bourrienne.

marché avec son temps. S'il mâchonne entre ses dents jointes quelque rude épithète contre la canaille qui coiffe, le dix août, Louis Capet du bonnet rouge — scène à laquelle il assiste de loin, — ce n'est pas qu'il éprouve pour l'ancien régime ni pour son représentant la moindre tendresse. C'est que son aristocratisme naturel réagit contre le répugnant spectacle que donne une multitude abandonnée à ses instincts. La Révolution, à laquelle il a sacrifié sa situation, son repos, la fortune de sa famille, est déjà presque ordonnée et organisée dans sa tête où les formules de Montesquieu et de Rousseau ont ouvert, parmi le brouillard du verbe idéologique commun à toutes celles de son temps, quelques avenues droites et claires qui aboutiront, dix ans plus tard, au monument du Consulat. Il a, d'ores et déjà, renoncé définitivement aux privilèges de sa caste, opposé sans retour, dans ses habitudes d'esprit, au droit de possession par la naissance, le droit de conquête par l'égalité. Malgré les apparences il ne variera jamais. Il méprisera toujours la noblesse héréditaire qu'il juge bonne tout au plus à meubler ses antichambres, à laquelle, quand elle rentrera en France, il ne rendra pas ses biens, et qu'il n'accueillera plus tard que dans l'idée qu'il a d'établir une continuité profonde entre le passé et l'avenir, signe d'une imagination d'artiste pour qui le temps et l'étendue sont toujours, et tout entiers, contenus dans le moment et dans l'endroit même où il œuvre. Quand l'empereur d'Autriche, son beau-père, qui a fait rechercher en Italie les origines de la famille Bonaparte, lui fait tenir ses titres de noblesse, il rit et dit à Metternich : « *Croyez-vous que*

j'irai m'occuper de ces bêtises ?... Ma noblesse date de Mon-
tenotte [1]. *Remportez ces papiers.* »

Ce mot contient toute l'idée de la noblesse qu'il crée —
ou qui se crée, bien plutôt. « L'égalité et le despotisme
ont des liaisons secrètes... Monté au trône, il y fit asseoir
le peuple avec lui ; roi prolétaire, il humilia les rois et les
nobles dans ses antichambres ; il nivela les rangs non en
les abaissant, mais en les élevant [2]. » Les Français sont
égalitaires parce que chacun d'eux espère un peu être
roi, ou quelque chose d'approchant, et refuse, dès lors,
qu'on avantage son voisin. Voici tous les hommes égaux
en droit dès leur naissance. Voici leurs armes. Qu'ils
s'en servent. Je consacrerai par un titre, ou par un grade,
ou par une croix, la noblesse personnelle de ceux qui sau-
ront le mieux s'en servir. Grande idée, mais trop simpliste
et destinée, comme toutes les idées qui doivent, pour se
réaliser, passer dans le plan social, à tomber avec l'homme
assez fort, lui présent, pour en demeurer le maître et
résister au double assaut des vanités et des intrigues
extérieures et du besoin de plaire à bon marché. C'est
certainement l'origine de toutes les féodalités, — romaine,
franque, germanique, normande, arabe, japonaise —
chez tous les peuples de la terre. Mais elle n'est compa-
tible qu'avec l'état de guerre à peu près continu et la
permanence nécessaire d'une aristocratie militaire obligée,
pour maintenir son droit, à une surveillance incessante,
et impitoyable pour elle, de ses facultés propres de com-

1. Sa première victoire.
2. Chateaubriand.

mandement. Bien que sa source soit logique, — trop logique, — c'est l'une des erreurs politiques, et certainement la plus grave, de Napoléon. Et l'Europe, sans nul doute, s'y trompera moins que lui, et ne cessera pas de voir en lui l'homme réel de la Révolution, — car comment veut-on qu'un Bourbon, un Habsbourg ait eu assez d'intelligence et de candeur à la fois pour prendre au sérieux les nobles de Buonaparte ? Si quelqu'un les prend au sérieux, c'est eux-mêmes, parce qu'ils sont ingénus et rudes et pensent qu'il est légitime qu'un soldat qu'ils ont couronné couronne d'autres soldats.

Là aussi, me semble-t-il, il échappe au ridicule, en ce qui regarde du moins ceux d'entre ses ducs et princes qui ont ramassé leur diadème dans leur sang, — car pour les autres on songe aux ducs de Trou-Bonbon et aux princes de Limonade. Mais il n'y échappe, prenez-y garde, que parce qu'il est Napoléon et comme tel ne se rend pas très bien compte que l'inharmonie de l'institution vient de l'incompatibilité qu'il y a entre une nouvelle noblesse héréditaire et les principes mêmes qu'il veut lui faire représenter. Là comme ailleurs il entraîne après lui, dans sa gigantesque aventure, toutes les contingences morales, psychologiques, sociales qui prétendent l'emprisonner, et dicte tout haut son poème qui gardera sa valeur propre, même si son expression matérielle s'effrite de toutes parts. « *Quel roman, pourtant, que ma vie !* » En effet. Etre un petit montagnard corse, débarquer un jour tout enfant, sans nom, ni sou, ni maille sur le continent, dans quelque barque de pêche, et vingt années plus tard avoir sept ou huit rois ou reines pour frères ou enfants d'adoption, donner, comme on donne une aumône, à d'anciens palefreniers, ou cabaretiers, ou sergents, tel trône qu'on choisit parmi les plus vieux de la terre ou qu'on établit d'un décret, saisir entre les mains du plus haut pontife de la plus haute religion la couronne de Charlemagne pour l'enfoncer soi-même sur son front, prendre au poignet, à son passage, la fille du plus vieil Empire de l'Europe pour la jeter sur son lit, et s'arranger de telle sorte que la postérité trouve ces choses naturelles et ne puisse plus concevoir l'Histoire si elles n'eussent été. En effet. Une erreur s'excuse quand on en voit sortir un mythe. A la source de tous les mythes, il y a un grand nombre d'erreurs. Mais il y a quelque chose de plus fort que la Vérité. Et précisément, c'est le Mythe.

« *Les guerres de la Révolution ont ennobli toute la nation française.* » Voici l'idée centrale qui explique et excuse tout. Evidemment, au début, il y a chez lui une illusion sincère sur l'avenir de l'aristocratie qu'il fonde. Il croit que cet ennoblissement, conquis par le sacrifice et le danger dans la responsabilité terrible des batailles, continuera de maintenir au niveau qu'ils ont su atteindre ceux chez qui il l'a sanctionné par des distributions de dignités et de titres. Il croit que, comme lui, ils montent. Il croit qu'une couronne, même fermée, ne peut pas les satisfaire, puisqu' son front, à lui, brise le plus haut dôme des couronnes pour chercher au delà, il ne sait où, un diadème mystérieux qu'il ne saurait atteindre pour la raison, ignorée de lui sans doute, qu'une grande âme est incapable de gravir sa propre hauteur. Plus tard il s'en doutera, bien plus tard, quand il verra les représentants des plus vieilles monarchies se bousculer dans le sillage de ses bottes, mendier un mot, un sourire de lui, se prostituer pour qu'il ajoute à leur gâteau un pré, un bois, un village, lui demander non seulement des exemples de dignité, mais des leçons de tenue extérieure, être plus que ses domestiques, en avoir l'air. Et surtout quand il aura vu, ramené par leur meute enragée dans sa France exsangue, lui seul, accablé de gloire et de revers, battu des pluies, couvert de boue sanglante, et toujours, toujours, toujours soulevé par son incurable illusion, lui seul avec quelques pauvres petits, fous d'amour pour sa force solitaire, quand il aura vu ses ducs et princes l'abandonner un à un. Alors, et pour l'espace d'un éclair — le temps de voir, et d'oublier, et de saisir, pour le dernier effort, le dernier tronçon de l'épée : « *Dans la position où je suis, je ne trouve de noblesse que dans la canaille que j'ai négligée, et de canaille que dans la noblesse que j'ai faite.* »

4

Sa religion est ce qu'elle doit être, étant donné la direction de ses idées philosophiques et la forme de son action. Quelque superstition italienne, innée pour ainsi dire et machinale, reliquat, chez tous les hommes de ces races, du besoin de représenter par des signes les forces inconnues dont le jeu assure le sens et la continuité du monde. Un athéisme aussi déterminé que vague quand il se trouve en face d'un croyant, un déisme aussi imprécis que péremptoire quand il se trouve en face d'un athée. Et, plus profond en lui, le mysticisme de tous les artistes puissants. C'est-à-dire la sensation confuse, mais vivante, et enivrante par instants, qu'il est en communication constante, par des moyens et pour des fins qu'il ne cherche pas à s'expliquer, avec l'esprit épars dans la vie universelle. Il ne croit pas, nous l'avons vu, à l'immortalité de l'âme, mais à la conquête par lui-même de sa propre immortalité. Dans le domaine de la pratique religieuse il accomplit, comme chef de peuple, les quelques gestes extérieurs qu'il juge nécessaires au maintien de la paix spirituelle, et laisse quiconque libre de croire ou de nier. Mais à la condition que les autres, non plus que lui, n'empiètent sur son territoire. Un jour qu'on veut lui plaire, par exemple, on lui envoie un rapport où il est question de canoniser Bonaventure Buonaparte, un de ses ascendants lombards : « *Épargnez-moi ce ridicule,* » écrit-il en marge du papier.

Je crois que c'est bien tout. Toute forme confessionnelle n'existe qu'en dehors de lui. C'est un objet, qu'il manie ou néglige à sa guise. Elle est à part de sa philosophie du monde, qu'elle a pu contribuer à former, ne fût-ce que par son rôle historique, mais qu'il a laissée en arrière de lui sur la route, comme un caillou dont on connaît le nom et la composition chimique, et qui ne joue plus aucun rôle organique dans les rouages de l'esprit. Il n'en parle à peu près jamais, car il n'y réfléchit guère, ayant, une fois pour toutes, écarté cela de son chemin. Si l'on insiste, voici ce qu'il répond, et la réponse fait regretter qu'il ait écouté Cuvier plutôt que Lamarck

et refusé de recevoir et de lire la Philosophie Zoolo-
gique : « *Nous ne sommes tous que matière... L'homme a
été créé par une certaine température de l'atmosphère...
La plante est le premier anneau de la chaîne dont l'homme
est le dernier.* » Ce n'est pas si mal, il me semble, et peut-
être même très hardi, surtout pour la dernière phrase,
car on trouve dans les autres l'essentiel de la doctrine
de Diderot ou de Buffon. Gœthe ne nous dit pas s'il
p .la avec lui de ces choses. Ils se fussent certainement
compris.

Mais voilà. Il y a le domaine du temporel. Et c'est
dans celui-ci qu'il œuvre. Il ne faut jamais l'oublier.
La religion, ici, fait partie de son système, dont le Concor-
dat est, en France, pour l'action générale et positive qu'il
prépare, le moyen. Dresser chez lui les unes contre les
autres les confessions religieuses, ou bien l'athéisme
contre elles, alors qu'il veut répandre sur l'Europe non
pas seulement les principes, mais surtout les réalisations
légales de la liberté et de l'égalité, il s'agit bien de cela !
La liberté, l'égalité des cultes sont inscrites dans les Droits
de l'Homme. Il donnera aux cultes opprimés par la Révolution ou par l'Europe, la liberté et l'égalité. Il reprend
simplement la politique d'Henri IV, la seule qui soit
digne d'un homme libre sachant, lui à la fois incroyant
et chef de peuple, que son rôle d'incroyant et de chef de
peuple est d'assurer à tous les croyants de son peuple
le droit de croire ce qu'ils veulent dans la forme qui leur
plaît. Mais attention. Il défend strictement les frontières
de leur domaine. Le spirituel est libre, à condition qu'il
reste dans sa sphère et n'entre, sous aucun prétexte,

dans celle du temporel. Le pape en saura quelque chose. Sans doute, un jour, vis-à-vis de lui, il aura la poigne un peu rude. Il manquera d'élégance, irrité d'une résistance que les armées les plus farouches ne lui ont jamais opposée. Placé par sa nature, et ses idées, et ses actes, aux antipodes même du christianisme, il pensera faire du pape un fonctionnaire, ce qui est une idée latine, et non juive ou grecque, catholique plutôt que chrétienne, et une conséquence directe du vaste système esthétique suivant lequel il se représente la société qu'il organise. Il conduit un orchestre immense où le pape tient un instrument. Le pape veut jouer à contretemps. Il ne l'expulse pas de l'orchestre, mais il brise son archet.

Le catholicisme, pour lui, ne prend une importance spéciale que du fait qu'il constitue la religion de la majorité du peuple qui l'a élu. Cela à part, il traite le catholicisme comme il traite le protestantisme, comme il traite l'islamisme, comme il traite le judaïsme, avec bienveillance, sans plus. « *Les conquérants*, dit-il, *doivent connaître le mécanisme de toutes les religions et les parler toutes. Ils doivent savoir être musulmans en Égypte, catholiques en France. J'entends par là : protecteurs.* » Mot de chef, qui a d'autres buts que de jeter les unes sur les autres les religions, parce qu'il considère les temps où cette lutte était féconde comme fermés. Mot d'artiste de l'action, à peu près inintelligible aux hommes de son époque — et de bien d'autres, — où quiconque n'était pas antichrétien à la manière de Voltaire ou déiste à la manière de Rousseau passait pour un « fanatique ». Les rires de ses lieutenants devant son attitude au Caire étaient bel et bien des rires de soudards qui, s'il n'eût été là, fussent entrés bottés dans les mosquées sous prétexte qu'il était aussi bête de croire en dieu au Caire qu'à Paris. Ils ne pouvaient se rendre compte qu'il saisissait, comme tous les hommes profonds, le caractère fatal des grandes religions humaines, ce qui me semble nécessaire dès qu'on travaille dans le grand.

Est-ce tout ? Non. Il y avait, de ce côté-là, sous le ciel, une chose qu'il ne pouvait vaincre. Peut-être parce que cette chose il la portait en lui, mais appliquée à d'autres fins, et la poursuivait sans relâche. Une chose que nul ne peut vaincre, parce que nul ne peut la saisir. Parce qu'elle est la certitude inébranlable, aussi bien dans l'esprit le plus haut de toutes les religions que dans quelques hauts esprits isolés parmi les hommes, que le cœur de Dieu cesserait de battre si l'esprit la saisissait. Il ne pouvait rien contre le pape, et il le savait : « *Les prêtres gardent l'âme et me jettent le cadavre.* » Oui. Tout est mort, qui sort du désir de l'étreinte pour consentir à l'étreinte et se laisser mesurer. Et ce fut là, sans nul doute, le dernier et le plus amer aliment de son désespoir.

VI

DEVANT LES HOMMES

VI

DEVANT LES HOMMES

I

Les Historiens qui font gravement, au nom de la morale, son procès à Napoléon, ressemblent à tel clergyman, gras et rose, frais émoulu du séminaire, et vierge, qui sermonnerait un grand artiste déjà vieux et tout déchiré par la pensée, la paternité et l'amour. Et au fond, c'est ça la morale.

Certes, les « classes dirigeantes » ont préféré et préféreront de tout temps Louis-Philippe à Prométhée, et c'est bien naturel. Supposons Napoléon arrêtant définitivement la guerre après Marengo, comme on l'a cru — et comme il l'a sûrement espéré un moment lui-même, — continuant l'œuvre du Consulat jusqu'à la fin de sa vie, administrant en paix, ouvrant des ports, creusant des canaux, lançant des bateaux, traçant des routes, et mourant à soixante-dix ans au milieu de son Conseil d'une attaque d'apoplexie. Evidemment, il eût laissé dans la mémoire unanime des dépositaires irresponsables du bonheur des hommes un inattaquable souvenir. Seulement, il n'eût pas semé dans les quelques imaginations responsables de la grandeur des hommes ce feu qui les alimente. Les discours de Comices et de Distributions de prix, les Éloges d'Académie, les Rapports des Mutualités se fussent gonflés de périodes, certes. Mais aurions-nous eu Dostoïewsky ?

La morale est à la foi ce que la calligraphie est au style. Quand le saura-t-on ? Jamais.

Il eût fallu, pour parler de cet homme, l'auteur de *Coriolan*. On a donné la parole à un petit avocat de Marseille, féroce et pontifiant, finaud et bas, imperator lauré de nénuphars et straïège en pantoufles, qui a travaillé de son mieux à ramener le héros à sa taille en s'imaginant le grandir. Et tous après lui, ou avec lui, les plus grands même, l'ont jugé en bourgeois rentés — rentés par l'organisateur de la Révolution qui les avait, pour un siècle, installés dans leur privilège, — ou en pasteurs épiques certes, mais plus aveugles que Milton. Tous. Lanfrey et Norvins, Barbier et Walter Scott, Carlyle, Chateaubriand et Emerson eux-mêmes, et Hugo — Homais à Pathmos — au premier rang. Tous, sauf Stendhal et Gœthe, sans doute. Taine consacre un chapitre à dresser de lui une image monumentale, et un second à la briser. Quinet n'y comprend pas grand'chose. Tolstoï absolument rien. Et pourtant, et pourtant, tous ont volé vers lui comme l'insecte à une flamme. Même prêchant, même moralisant, par haine ou par amour, les poètes y ont reconnu un être de leur famille. Pourquoi Beethoven n'a-t-il pas dédié sa Symphonie à Marceau, ou à Hoche ? « *Un homme comme moi est un dieu ou un diable.* » C'est vrai.

Mais comment ont-ils été si peu nombreux, parmi ceux qui ont vu en lui soit un dieu, soit un diable, à connaître que le Diable n'est qu'une autre face de Dieu ?

Soit pour la malédiction, soit pour l'excuse, les plus perspicaces d'entre eux ont vu en lui un amoral. Même ceux-là se sont trompés. Et je ne sais si c'est dommage, car ainsi Napoléon, — cet « être incompréhensible »[1], serait plus aisé à saisir, et plus pur. Mais non. Il n'est pas amoral. Il n'est pas même immoral. Dans sa vie privée, je veux dire. Il est comme moi, il est comme vous, et comme eux, ceux qui le louent, ceux qui l'invectivent, d'une honnêteté suffisante, et même supérieure à la moyenne, de cette honnêteté normale passée dans l'habitude de la plupart des hommes distingués qui n'ont que faire des petits moyens détournés, des petites saletés mesquines, parce que les uns et les autres encombreraient leur chemin. Dans sa vie publique, c'est autre chose. Il connaît les hommes, hélas, ne croit guère à leur pureté — et là est son impureté. Il utilise la morale sans en posséder l'illusion. Incurable faiblesse, dès qu'on œuvre à même l'action, et qui sapera la sienne. La morale sociale, comme la religion, est un simple instrument qui lui est nécessaire et qu'il manie comme les autres, pour maintenir l'équilibre dans les peuples qu'il gouverne et accroître par là leur puissance offensive et leur capacité de production. C'est la bonne toile, les bons pinceaux, la bonne couleur qu'il faut au peintre, quelque chose de net et de solide qui assure le côté matériel de l'œuvre. Il renverse, par là, les

1. Chateaubriand.

valeurs communes, puisque l'ordre et la paix sociales, au
lieu d'être ses buts, sont ses moyens. Un monstre? Soit.
Mais ce monstre réalise, du moins immédiatement. Si ce
n'est pour lui qu'un outil, il est d'une trempe telle qu'il
construit, avec des décombres, le seul édifice possible où
l'ordre qui se cherche puisse habiter un moment.

Il est vrai qu'il ne s'embarrasse pas de métaphysique
transcendante. Il ne se demande pas ce qu'est la morale
en elle-même, si elle est féconde ou stérilisante, légitime
ou sans fondements. Il gouverne. Il poursuit les fripons, les
pillards, les prévaricateurs. En quelques semaines, dès qu'il
a pris le pouvoir, l'anarchie générale est étouffée, par des
moyens quelquefois rudes, mais légaux. Peu d'exemples,
mais bien choisis : « *La sévérité prévient plus de fautes
qu'elle n'en réprime.* » La nuit les rues, les routes rede-
viennent sûres. Les fonctionnaires sont soudain probes.
Les magistrats intègres. Les agents du fisc désintéressés.
Le calme renaît dans les villes, la sécurité dans les campagnes. Le travail reprend partout. Il suffit de deux ou
trois ans pour rédiger, promulguer les Codes qu'il discute, article par article, avec les jurisconsultes surpris
et souvent battus sur leur terrain. Il apporte, dans le dé-
blaiement de la maison commune, encombrée depuis
dix années de tant de ruines morales que nul n'y reconnaît
plus son chemin, cette sagesse orientale, ce positivisme
romain qui ont donné à tous les peuples leur squelette
spirituel depuis quatre ou cinq mille ans. « *La morale
publique,* dit-il, *est fondée sur la justice qui, bien loin
d'exclure l'énergie, n'en est au contraire que le résultat.* »
En effet, l'homme fort protège le faible, permet au fort

de s'affirmer. Il n'est d'autre paix que la Paix romaine, établie contre le violent par l'appareil de la force en action, maintenue contre le sournois par l'appareil de la force au repos, et répandue de proche en proche comme le blé qui conquiert les terres incultes, précédé, mètre après mètre, par le fer dans le sillon. Mais à la condition qu'un fort tienne la poignée de la bêche.

2

Il ne me semble pas que le péché originel de sa fortune politique puisse être retenu à sa charge au jour du Jugement. La démocratie a ses dogmes. Et le respect de la Loi, même si la Loi est caduque, même si, de toute évidence, elle a cessé de répondre aux besoins les plus urgents, même si des attentats antérieurs — ce qui est le cas pour Brumaire — ont modifié la Loi au profit de ses thuriféraires, est au premier rang de ceux-là. Il est pourtant des Lois profondes, souterraines, organiques, supérieures à la Loi écrite, qu'il appartient précisément à l'homme puissant de saisir et de dresser contre la Loi écrite, si l'heure a sonné pour elles. Quand luttent l'esprit et la lettre, je ne crois pas que la société civile ait plus à y gagner que la société religieuse, si la lettre accable l'esprit. Condamner toujours, et dans tous les cas, le coup de force politique, c'est condamner, où qu'il s'exerce, tout mouvement vivant allant contre les idées reçues et les formules acceptées. C'est condamner l'artiste, et le savant, et l'inventeur qui pour introduire dans l'art, la science, l'industrie, un nouvel accord entre l'intérêt commun et l'intelligence créatrice, n'hésite pas à marcher seul contre l'alliance obscure des intelligences passives et des intérêts particuliers. C'est condamner le marin qui abat d'un coup de hache, quand le navire va sombrer, les mâts trop chargés de voiles. Peut-être d'ailleurs est-il dans l'ordre que ce dogme soit répandu, afin de maintenir un cadre nécessaire que le premier venu ne se croie pas autorisé à briser à tout instant pour son profit personnel ? *« Il faut être bien étranger à la marche du génie pour croire qu'il se laisse écraser sous des formes. Les formes sont faites pour la médiocrité. Il est bon que celle-ci ne puisse se mouvoir que dans le cercle de la règle. »* Quand c'est un grand esprit ou une grande volonté qui entreprend l'aventure de franchir ce cercle-là, ceux qui vivent en esprit et en volonté le reconnaissent sans peine et absolvent l'audacieux *.

Une vertu, entre tant d'autres, a fait la grandeur de cet homme : le caractère. Le courage bref des champs de bataille n'est pas le plus difficile de tous. Tant d'yeux qui vous regardent, et la mort fait si peu attendre ! Le courage à vivre est plus haut. La vie tend ses embûches à tous les coudes du chemin. C'est elle qui attend, et tout le temps qu'il faut. Elle est sûre de vous surprendre. Elle vous sait paresseux devant l'effort constant qu'il faut pour l'agir, pour la penser, pour la conserver en vous toujours montante et combative chaque fois que vous avez fait sur elle une conquête et songez à vous arrêter. Les soldats de la mort sont rangés en masse devant vous, tous armés contre vous seul, et vous le savez, et un éclair de décision peut vous donner, s'ils vous manquent, une longue existence de repos et d'honneur. Et puis vous ne pensez guère, vous êtes ivre, vous allez... Les soldats de la vie sont invisibles, et innombrables, ce sont les passions, les rancunes, les intérêts enchevêtrés de tous les hommes qui vivent et les ligues obscures qui se forment contre quiconque tend à dépasser le niveau, et vos propres passions, vos propres rancunes, vos propres intérêts qui vous poussent à ne pas le dépasser, ou à faire semblant de le dépasser en vous haussant sur les pointes ou en mettant sur votre tête une couronne de carton... Je doute que Napoléon ait jamais montré, sauf aux minutes décisives où il fallait qu'il la montrât, la bravoure de Ney, ou de Murat, ou de Lasalle. Mais Ney, Murat, Lasalle tremblaient devant Napoléon.

« *Votre mari*, écrivait-il à Caroline, *est un brave homme sur les champs de bataille. Mais il n'a aucun courage moral.* » Or, c'est le courage moral qui éclate dans tous les gestes et dans toutes les circonstances de la vie de Napoléon. Une existence entière à supporter l'assaut du monde, seul, avec sa tête et son cœur. Brumaire n'en est pas la première manifestation certes, car l'Italie et l'Égypte avaient précédé Brumaire, et le commandement suprême n'est pas du domaine du courage militaire, mais du courage moral... Il y a, dans son histoire, un acte atroce. Et cependant, cet acte dénote un courage infiniment plus difficile que de s'exposer à la mort, un « *courage de la pensée* », une aptitude à la décision héroïque qui, quelle qu'elle soit, écartèle le cœur. De plus il n'est pas une faute, ce qui, je le crois bien, l'absout. A Jaffa, il doit choisir entre la mort violente pour les Arabes capturés et la mort par la faim pour eux et son armée s'il les épargne. Il réfléchit, et les fait tuer... Il est facile, après cela, de diminuer un grand homme. On qualifie de folie orgueilleuse, d'insensibilité, d'impulsivité, de crime, tout acte qui soulève d'abord la réprobation de la morale universelle dans telle circonstance où sa conscience doit jouer. Mais la conscience d'un grand homme est un lieu bien plus redoutable qu'on ne le croit en général. Car l'opinion de la morale universelle entre dans le jeu d'un grand homme. Il se passe de morale, mais de conscience jamais. La morale fixe des règles, la conscience n'en veut pas. Et si elle en voulait, elle ne serait plus conscience. Tel acte que la morale autorise déchire certaines consciences. Tel acte qu'elle réprouve n'a, pour certaines autres, aucun aspect répréhensible. Dans les décisions éclatantes, et visées par tous les regards, qu'un grand homme est appelé à prendre, la morale publique et sa conscience ne cessent d'entrer en conflit. Dès lors, les moralistes ont beau jeu. Et l'interprétation des mobiles qui le poussent devient la proie des impuissants : « *Le pouvoir, le sang-froid, le courage et la fermeté ne firent qu'accroître le nombre de ses ennemis... L'on appela orgueil sa grandeur d'âme.* [1] »

Cependant, Brumaire est sans doute, avec et avant 1814 et le retour de l'île d'Elbe, et depuis le jour illustre où César franchit le Rubicon, le signe le plus haut de courage moral auquel l'homme ait pu reconnaître un héros de l'action. Songez qu'il a contre lui la Loi même, la Loi écrite, les plus redoutables symboles qu'on ait trouvés

---

1. *Élison et Eugénie.*

depuis les Livres saints, et qu'une révolution qu'il aime, qu'il approuve, qu'il veut sauver d'elle-même, a consacré dans l'assentiment unanime des plus généreux esprits. Songez qu'il a devant lui le rempart idéologique construit depuis cent ans par Montesquieu, par Rousseau, par Voltaire, par Kant, entre la société théocratique qu'il veut abolir comme eux, et la société civile qu'il veut inaugurer comme eux [*]. Songez que, s'il échoue, c'est bien plus que la mort probable, c'est le déshonneur certain. Songez surtout qu'il porte en lui une puissance incomparable, qu'il a trente ans, toute une vie, déjà la plus glorieuse du monde, pour manifester cette puissance dans les voies suivies jusqu'alors, mais qu'il sait que cette puissance dépasse tout ce que les autres en savent, tout ce que lui-même en devine, et qu'il la joue sur une seule carte, pour la multiplier à l'infini ou l'abolir, en une seconde, à jamais. Songez qu'il ose. Et jugez-le.

« *Seules*, a-t-il dit un jour, *seules les guerres civiles forment les hommes de courage.* » Il l'a bien vu, en cet après-midi terrible, soldat sans arme, devant cinq cents hommes en robe qui lèvent le poignard sur lui. Il a manqué de défaillir, il a labouré de ses ongles son visage ensanglanté. Dans la tourbe des députés qui font le coup de poing et le coup de gueule au nom de la Loi, — leur pitance — l'esprit c'est lui, eux la matière. L'aristocrate est écœuré. « Le terrible *Hors la Loi !* clameur jacobine équivalente au *crucifige* »[1], le jette dans une sorte de torpeur nerveuse qui montre de quels combats et de quelles victoires sa

---

1. Leon Bloy, *L'âme de Napoléon.*

résolution est le fruit. Ce n'est ni à la nature du geste,
ni aux conséquences du geste qu'il faut mesurer sa grandeur. C'est à ses mobiles profonds, à son sens, à sa portée,
à la clairvoyance cruelle de celui qui les aperçoit. Le coup
d'État d'un Augereau n'a pas la qualité du coup d'État
d'un Bonaparte. Là, c'était un soudard qui n'aime pas
les « avocats » et voit un bon tour à leur jouer. Ici, c'est
un homme profond sachant qu'un acte décisif qu'il ne
dépend que de lui de repousser ou d'accomplir peut
écraser dans l'œuf son épopée imaginaire ou l'en faire
bondir, les ailes aux épaules, pour lui soumettre le futur.

Que cet essor ne se soit pas noyé dans le sang du duc
d'Enghien quand Napoléon accomplit son troisième
attentat contre la morale publique, c'est là le secret d'une
force qui se nourrissait d'elle-même et que le plus noir
attentat contre la morale publique pouvait blesser, et
faire chanceler une minute, mais non abattre. Car, au
contraire, il semble qu'en frappant le crédit moral immense qu'il s'était acquis en Europe, ce meurtre ait fait
de l'homme un être plus à part des hommes, un formidable solitaire errant avec plus d'horreur dans sa gloire
désespérée, s'enfonçant de jour en jour dans le désert
d'une imagination qui toujours devançait son geste
et que nul, pas même lui, ne pouvait suivre sans une sorte
d'épouvante qui faisait reculer les autres, et l'enivrait.
C'est son remords, ce meurtre. Dès qu'il l'apprend,
il pâlit, il s'enferme, il est sombre pendant des mois.
Après lui, il n'est plus le même. Il y revient vingt fois.
Il en parle le premier devant ceux qui n'y songent plus
Il leur demande leur sentiment sur lui, rempli d'une

angoisse visible. S'il en parle, il l'appelle une « *catas-trophe* ». C'est le seul point de sa vie qu'il fixe avec une inquiétude anxieuse et sur qui il sent le besoin d'interroger les cœurs. Toujours, sans hésiter, il s'en déclare responsable, — bien que ce ne soit pas très sûr, bien qu'il ait été, avant, travaillé par son entourage, puis, presque certainement trompé au moment même du coup, toute une louche intrigue autour de lui qu'on n'a jamais tirée au clair. Il s'en déclare responsable, mais, dans son attitude, dans son verbe, on sent une lutte confuse en lui, on dirait que son orgueil lui défend à la fois d'avouer sa faute la plus grave, — alors qu'il en avoue tant d'autres, — et d'en découvrir les facteurs.

Le vrai, je le crois bien, dans les mobiles secrets de cet acte, c'est qu'il a peur des assassins depuis la machine infernale et l'histoire de Cadoudal, et qu'il obéit, pour arrêter leur bras par un acte de terreur, aux suggestions des mauvais anges qui l'entourent, Talleyrand, Fouché, ceux qui happent, sous la table où sa gloire est offerte au monde, les ordures et les os que toute gloire conditionne, — car la misère d'un grand homme est d'autant plus profonde que sa vie est plus éclatante, plus innombrable, et entraîne plus de vies tributaires dans le sillage qu'elle fait. Il s'emporte publiquement contre les conspirateurs qui le visent. Il leur reproche tout haut, avec violence, d'empêcher ses projets de mûrir, de ne pas comprendre ses intentions et surtout, oh surtout ! de ne pas sentir sa grandeur. La mort brutale est un risque de la guerre, normal, et qu'il accepte sans broncher. Dans la paix, il regarde la mort brutale comme un risque inutile qui n'augmente pas d'un atome le poids de son autorité, mais l'énerve au contraire, entrave l'harmonie du développement logique qu'il lui rêve, — un grain de sable dans les rouages de la montre, un brusque caillot dans le cœur. Il a peur des assassins, cette peur irrésistible du visage fou surgissant à l'instant le plus imprévu, de la lame du couteau se retournant dans les entrailles, de la hache tombant sur le crâne, de l'explosion arrachant le bras ou la jambe, du lent martyre au milieu d'une foule immonde, les ongles, les ciseaux des femmes labourant la figure ou tailladant les organes virils. Son déguisement pitoyable pour traverser, quand il part pour l'exil, la canaille hurlante qui l'attend vers Avignon, la ville des massacres à coup de serpes et de bûches, le montre suffisamment. Il n'admet pas cette fin malpropre, tout son être nerveux se tend, se hérisse contre elle. De là l'outil de sa police, — l'outil le plus abject qui soit, mais dont aucun pouvoir n'a jamais pu se passer, — qui blesse beaucoup plus chez lui que chez les autres, parce qu'il est très haut et que la police est très basse, de là sa réaction convulsive d'Italien qui connaît le jeu des intrigues, qui ne croit guère au désintéressement des mâchoires qui l'entourent et leur jette leur os pour qu'elles fassent bonne garde autour de lui, de là ce bâillon sur la presse, de là le meurtre désastreux qui l'entraîne à plus de soupçons, à plus de vigilance, à plus de sévérité. Pardonnez-lui. Il a saigné. Que celui qui n'a jamais saigné lui reproche le sang qu'il a répandu.

Quand on songe aux armes qu'employait contre Napoléon la puritaine Angleterre, à l'argent dont elle arrosait l'Europe pour y saper sa puissance, à ses intrigues souterraines, aux coups de force qu'elle exécutait, en pleine paix, contre les petits peuples qui n'étaient pas engagés dans son duel avec la France, on se prend de quelque indulgence à l'égard de la moralité qui préside aux relations entre les peuples dès qu'il s'agit pour eux de ne pas mourir sous le blocus ou le couteau *. Quelques mois avant l'accès de Bonaparte au pouvoir, l'Autriche ne faisait-elle pas massacrer les plénipotentiaires de la République ? La grande immoralité, c'est la guerre, et à la vérité si grande, qu'il convient de se demander si elle doit être mise à la charge des hommes, et non à la charge de Dieu. La guerre admise, voici qu'un tourbillon de forces est entraîné dans le remous qu'elle provoque, où l'héroïsme et le mal s'engloutissent pêle-mêle, sans qu'il soit bien facile de les séparer. L'affaire de Bayonne n'est pas belle, c'est même la moins belle affaire de la vie de Napoléon. Et pourtant, si l'on songe à l'imbécillité de la Maison espagnole lavant son linge sale devant lui comme des domestiques pris en faute, au gâtisme obscène et bégayant du père, à la fureur érotique autour de qui tournait toute la politique de la mère, à l'abjection féroce et délirante du fils, aux supplications dont ils l'accablaient tous de les débarrasser les uns des autres, on conçoit trop que son dégoût n'ait pas eu précisément pour effet de lui masquer l'image nouvelle que les Espagnes à conquérir, et par elles le Nouveau-Monde, faisait danser et fuir devant ses yeux. Il fut finalement vaincu, vaincu grâce à cette image nouvelle qui le mena, en cinq ans, à l'abîme. Il y a là de quoi satisfaire les amateurs de l'Histoire providentielle, qui ne se demanderont pas si la fin de l'Inquisition et l'entrée du souffle moderne en Espagne et en Amérique n'auraient pas pu suffire à payer l'attentat. Ah oui ! « ces misérables Espagnols qu'on voulait civiliser malgré eux... » Et de sourire. C'est le raisonnement qu'on oppose toujours à tout mouvement fort qui menace, du dehors, l'immobilité mortelle. Comme toujours, on connaît peu les ressorts secrets de l'Histoire, on connaît peu Napoléon : « *J'embarquai fort mal toute cette affaire, je le confesse ; l'immoralité dut se montrer par trop patente, l'injustice par trop cynique, et le tout demeure fort vilain, puisque j'ai succombé. Car l'attentat ne se présente plus que dans sa hideuse nudité, privé de tout le grandiose et des nombreux bienfaits qui remplissaient mon intention...* »

3

Il me semble qu'avec un autre mot de lui, celui-là nous révèle, et même nous définit toute la morale de l'action. Il a dit, à Sainte-Hélène, à quelqu'un qui l'interrogeait sur son retour de l'île d'Elbe : « *De Cannes à Grenoble, j'étais un aventurier. Dans cette dernière ville, je redevins un souverain.* » Est-ce à dire que le succès seul moralise le geste risqué hors des usages et des lois ? Non, si le succès n'est qu'une fin. Oui, si le succès porte en lui ce caractère dynamique, cet enivrement de conquête qui en fait un nouveau départ et le charge de conséquences si fécondes qu'un équilibre séculaire peut être ébranlé par lui, et par lui, des voies inconnues ouvertes au courage et à l'activité de tous. Tout est dans la qualité de l'acte, et en dernière analyse, de l'homme. « *Je ne suis pas un homme comme les autres, et les lois de morale ou de convenance ne peuvent être faites pour moi.* » Tout geste qui suscite la vie et fait cesser la stagnation est moral, même si ce geste est considéré comme un crime par les habitués du moindre effort. Chez celui qui a coutume d'entreprendre ces gestes-là, l'échec n'est plus le châtiment d'un attentat, comme pour un homme ordinaire, mais bien la sanction d'une faute. C'est le faux pas d'un grand organisme autonome qui crée sa morale lui-même parce qu'il vit avec une puissance telle que tous marchent dans ses pas. Il n'est pas né pour obéir à la Loi, mais pour la faire. Et c'est en obéissant à sa loi qu'il l'impose à tous ceux qui n'ont point assez de vertu pour trouver et formuler la leur. Quelle distance y a-t-il, d'un homme tel que celui-là à un malfaiteur vulgaire ? Je crois l'avoir fait entendre. Il délivre une multitude, et parfois des générations, du fardeau de la liberté.

Quant à son emploi constant de la force, c'est une loi universelle qui veut que la force soit tôt ou tard employée pour imposer aux hommes, pendant un, ou dix, ou vingt siècles, le rythme qui les délivrera. Nul n'y peut rien, pas plus Napoléon que d'autres. Car là aussi, et là surtout, il obéit.

Il semble que le Juste, d'instinct, ait toujours aimé l'ordre et la force, et que les Révolutions naissent là où l'ordre est vide de formes vivantes et où la force porte à faux. Les grands Européens et la masse obscure des peuples ont toujours fait à Napoléon, jusqu'en 1808, même quand il venait dans la fureur de la guerre, le plus enthousiaste accueil. Et cela parce qu'une force organisée et cohérente apportait un ordre nouveau. Étrange instinct des Justes, qui sont, dans le domaine moral, des poètes ! Les prophètes d'Israël, déjà, appelaient le Sar assyrien, et on voyait cet incroyable paradoxe, probablement nécessaire à la vie spirituelle du monde, on voyait des hommes qui vivaient dans un petit royaume assez paisible, mais faible et corrompu, souhaitant que vint chez eux un monstre avec son armée de bourreaux pour punir la faiblesse et purifier par le feu. Je sais bien que chez ceux-là, qui appellent sur leur peuple le châtiment venu du ciel, ou du dehors — ce qui est pareil, à tout prendre, — il y a bien autre chose que la haine de celui qui sait ordonner dans le domaine des idées pour celui qui ne sait pas ordonner dans le domaine de l'action. Il y a la jalousie de celui qui ne recueille aucune louange, et d'ailleurs les dédaigne, pour celui qui les capte toutes. Il y a aussi que l'infériorité morale du voisin est trop visible, tandis que la force lointaine prend, parce qu'on n'en voit pas les rouages, un caractère divin. Mais au fond, ce qui révolte le Juste, ce qui éloigne l'artiste et ce qui soulève le peuple, qui est un artiste et un juste en virtualité, c'est l'absence, en l'homme d'action, d'imagination et de grandeur. Dès qu'il en a, les artistes, les justes, les peuples reconnaissent leur frère : Beethoven chante, Gœthe regarde, Chateaubriand jalouse, mais admire, et le monde est changé. Je suppose que l'Histoire entière est due à cet antagonisme entre la pensée extraordinaire qui organise et l'action ordinaire qui n'organise pas.

J'imagine que l'homme exceptionnel est ainsi celui

qui ordonne, celui qui fixe, par la force de sa pensée ou la force de son action, des valeurs qu'attend la société, et cela, prenez-y garde, en les renversant en lui-même. Ainsi, les valeurs contre qui vient s'insurger Nietzsche, c'est Napoléon qui les a rivées dans le monde, où il les avait trouvées éparses, par la chaîne de fer des Codes. Mais c'est en les violant, d'abord. Et toujours ce sera ainsi. La force et la guerre sont faites pour instaurer la Justice et la Loi. Dieu, c'est l'obéissance du troupeau à la Loi dictée puissamment par quelque criminel de grand style qui sent l'intention de Dieu. Ainsi l'artiste, ainsi le juste, ainsi le conquérant, et pour tout dire le dictateur dans tous les sens où se porte la vie, est le créateur attendu des formes de civilisation que la morale et la coutume sont chargées de fixer aussitôt qu'il a disparu.

Le dictateur, et Napoléon moins qu'aucun autre, parce qu'il est plus grand que tout autre, n'est donc pas plus un amoral qu'un immoral, ou qu'un moral. Ces mots sont vides de sens. C'est un monstre. Tout ce que, chez la plupart, on regarde comme vice, peut être chez lui vertu en devenant puissance active, capable de féconder. Tel trouve un vin dans le pouvoir, la volupté ou la guerre, qui sont chez tant d'autres poison. Son orgueil, c'est l'enivrement de sa vaste vie intérieure, son despotisme, c'est le sentiment qu'il porte en son cœur la Justice, son ambition n'est que le signe de sa faculté créatrice, et, quand il viole la Loi, c'est pour lui faire un enfant. Ce qu'on appelle les faiblesses d'un grand homme ne sont souvent que l'aliment d'une force qui s'exerce et se développe sur un terrain différent. L'essentiel, c'est l'accroissement de sa valeur originale, et rien ne dit qu'elle s'accroîtrait ainsi sans les prétendues chutès — des expériences, au fond — que les âmes médiocres cherchent dans les plus mesquines circonstances de sa vie épluchée jour après jour. La morale est de fer. Mais le génie d'os et de sang. L'unique sanction des fautes d'un grand homme, c'est la diminution de son intérieure grandeur.

VII

DEVANT LES FEMMES

VII

DEVANT LES FEMMES

I

Or, il semble qu'aucun des pièges que l'aventure d'exister sème sur le chemin de tous les hommes, n'ait pu trouver en faute et diminuer la grandeur de celui-là. Et le plus dangereux de tous, celui où les plus puissants trébuchent parce qu'il est tendu sous les pas des puissants surtout, a dû jouer à vide, en déchirant sa chair certes, mais sans réussir à abaisser sur elle une seconde son regard trop fixe et trop haut. Le puissant est en proie aux tourments qu'infligent les femmes pour deux raisons : parce que sa puissance extérieure les attire et parce que sa puissance intérieure n'est qu'une dérivation du formidable instinct sexuel. On a voulu faire de Napoléon un asexué. Comme son amoralité, c'est une manière par trop simple d'éviter la tâche redoutable de pénétrer dans son cœur. Il n'a peut-être pas beaucoup aimé les femmes. Mais il a aimé l'amour, et c'est bien plus dangereux.

Ses manières avec elles, qu'on lui reproche, sont proprement l'indice de cette timidité brutale qui constitue le moyen de défense de ceux qu'attire trop l'amour et qui en sentent le péril. Qu'il ait dit un jour ce joli mot : « *Les femmes sont l'âme des conversations* », voilà qui révèle chez lui la présence d'un sens profond du rôle sentimental qui devait appartenir à celles que ses manières brusques, parfois même une sorte de grossièreté soldatesque, tentaient sans cesse d'écarter de son chemin. Il mêlait à cette inquiétude je ne sais quelle volonté de se rappeler constamment et de rappeler aux femmes leur essentielle fonction, pour se démontrer et leur démontrer qu'il n'avait rien à attendre d'elles, ni elles à attendre de lui. Le mot à Mme de Staël n'a pas été compris. Cette virago de l'esprit, prétentieuse, laide d'ailleurs, et qui l'excédait d'assiduités et de louanges, ne pouvait être replacée dans son sexe avec plus de vigueur et de justesse pour l'intérêt de ce sexe et l'indépendance respective des deux interlocuteurs *. Dans la guerre sexuelle, cette arme-là est certes la plus dépourvue d'élégance, mais la plus loyale sans doute, la plus efficace aussi.

Il aima donc l'amour, mais eut assez vite fait, comme semblent en faire foi ses nombreuses aventures, de le mettre à sa place, et à son plan, après en avoir tant souffert qu'il eût peut-être succombé, si l'amour ne se fût brisé contre une passion plus farouche dont le prévenait son orgueil. Dès qu'il eut saisi la fortune, il ne permît jamais l'empiètement du dieu terrible sur l'idée centrale qui tenait plus encore à son cœur qu'à sa tête et qui le conduisait vers l'accroissement continu de sa réelle grandeur. Ni Mme de Vaudey, ni Mlle Lacoste, ni Mme Gazzani, ni Éléonore Ravel, ni Mme de Barral, ni Mme de Mathis, ni Mlle Guillebeau n'obtinrent une autre faveur, en dehors d'aumônes royales, que d'entrer de nuit dans sa chambre, et par l'escalier dérobé, afin que Joséphine, qu'il n'aimait plus pourtant, n'en souffrît pas, et que la dignité du maître restât à la hauteur du rôle qu'il jouait. A peine si son aventure, au Caire, avec Mme Fouiès, dénonce une brève folie, l'affichage aux yeux de l'armée, l'embarquement du mari pour la France — vilain acte, mais qui n'a jamais accompli quelque vilain acte en amour ? A peine si Mme Walewska, qu'il aima vivement, et qui eût encore été pour lui, sans doute, une cause de cruelles souffrances si sa noblesse naturelle, l'humilité de son attitude, son dévouement pour le héros eussent laissé prise sur son âme au plus mince soupçon, obtint, sans le moindre accès d'ailleurs sur le terrain politique, le privilège des rencontres fréquentes dans les bals, les dîners, les fêtes, où ils pouvaient jouir tous deux de cette entente secrète qui garde sa saveur violente, même et peut-être surtout quand tout le monde est au courant. A peine si, dans ses liaisons avec la cantatrice Grassini, avec la tragédienne George, l'illusionniste, l'imaginatif, le romantique sembla, par le caractère même de son choix, — il adorait les voix profondes et le drame héroïque qui exalte et grandit le cœur, — prendre un moment le pas sur l'homme de tête qui gouvernait ses sens comme on maintient, d'une main ferme, cinq chevaux de sang. Jamais il ne voulut permettre autour de lui le soupçon même d'une seule de ces intrigues où les autocrates consentent si souvent à s'avilir. Il renvoya sur l'heure une femme qui lui avait plu dès qu'il apprit que Talleyrand l'avait placée sur sa route dans l'idée qu'il pourrait, auprès d'un pareil homme, jouer au maréchal de Richelieu. Sans s'attarder dans les redoutables détours du délire sentimental, il se payait son caprice : « *En guerre, comme en amour, pour en finir il faut se voir de près.* » L'apparence furtive de presque toutes ses liaisons semblerait même démontrer que, volontairement, chose peut-être encore plus rare que de se défendre d'aimer, il se défendait de l'être, ce qui pourrait passer pour la plus difficile victoire qu'il ait remportée sur lui-même, parce que la minute où il se sent aimé est la seule, sans doute, où le grand homme puisse saisir l'illusion d'échapper à sa solitude.

2

Il serait surprenant qu'on ne l'eût pas accusé, lors de son mariage avec Joséphine, d'obéir, bien plus qu'à l'amour, à des motifs intéressés. Or, c'est précisément la seule femme qu'il ait violemment aimée, contre laquelle il n'ait jamais su se défendre, et qui lui fournit l'occasion de la première et cruelle expérience qui dut le sauver pour toujours, en lui apprenant à souffrir en silence plutôt que de livrer une seule parcelle de sa volonté et de sa raison. Dès sa prime jeunesse, avec son cœur de flamme, son orgueil taciturne, les avanies qu'il essuyait, ses lectures romantiques, — Rousseau, Ossian, *Paul et Virginie*, déjà *Werther* peut-être, — il paraissait la victime désignée de la première passante dont le sourire n'exprimerait à son égard ni l'ironie ni le dédain. Il eut, tout jeune officier, dans ses garnisons du Midi, de vives crises sentimentales, avec Désirée Clary notamment — la future reine de Suède, — avec Mlle de Colombier, celle-ci bien plus âgée que lui, ce qui est à remarquer. En effet, plus tard, à Paris, il eut un très naïf et très violent caprice pour une Mme de Permon, dont il voulait faire sa femme bien qu'elle eût des enfants et fût aussi de beaucoup son aînée. La femme déjà mûre représente, pour les jeunes hommes d'ardente imagination le plus complet, le plus profond, le plus chaud mystère amoureux. C'est un brevet d'ingénuité que de ne pas prévoir, pour le lendemain de l'ivresse, l'horreur des cheveux gris, des rides, des chairs qui s'affaissent. Celle qu'il épousa en 1796 avait cinq ans de plus que lui, une fille, un fils, de gros besoins et pas le sou.

C'est cet acte qu'on a flétri, alors que précisément il démontre une candeur presque incroyable pour ceux qui ont toujours considéré l'amour du dehors et fait une vie bien réglée, bien sage, bien honnête, où pas un geste ne dépasse le correct alignement. Joséphine, pour toute fortune, a des dettes, tout comme Madame de Permon. Il y eut autour de lui, entre Barras et d'autres qui voulaient se débarrasser d'une ex-maîtresse encombrante et dépensière, traînant deux grands enfants après elle, une embûche d'autant plus facile à monter qu'elle s'y prêta de fort bonne grâce, le général en chef de l'armée de l'Intérieur étant une bien meilleure affaire pour la veuve de Beauharnais, ruinée d'argent, de crédit moral et politique, que ladite veuve pour le général dont la fortune, depuis

qu'il avait sauvé la Convention, montait à vue d'œil.
Il y tomba aveuglément, en bon jeune homme à peine
déniaisé qui veut sa femme à lui tout seul, une femme qui
sente bon, qui s'habille avec un goût extrême, provocant,
quelque peu pervers, et dont le joli visage mâché, les mouvements ondoyants, les gazouillements, la voix un peu
rauque, promettent des voluptés inconnues. Connaissait-il
ses mœurs ? C'est improbable, ou alors il la jugea ca-
lomniée. Belle occasion, pour ce Didier, de réhabiliter
Marion.

On sait le reste, le départ pour l'armée d'Italie après
deux jours d'ivresse, l'inquiétude, la jalousie, la peur de
n'être pas aimé, les lettres éperdues de l'enfant corse
nourri d'histoires romanesques qui ne dissimule à personne, ni dans ses propos, ni dans ses actes, ni dans ses
lettres, ses impressions, tous ses proches d'alors révélant
qu'il leur parlait « souvent d'elle et de son amour avec
l'épanchement et l'illusion d'un très jeune homme » [1].
On sait l'éclat inouï des premières victoires, la brusque
renommée du jeune chef, ses supplications pour qu'elle
vienne le rejoindre et partager son amour. On sait les
ruses de la rouée pour retarder son départ, les prétextes
qu'elle invente — jusqu'à la grossesse, parbleu ! — pour
prolonger à Paris où elle est devenue, grâce à lui, le centre
des regards mondains, un séjour fort agréable. On sait
sa venue à Milan, où il la rejoint à moitié fou, la quitte
après quelques jours avec des larmes pour revenir à l'armée, la conduite de la femelle avec de petits officiers,

____

1. Marmont.

sa fuite à Gênes dès qu'il veut la retrouver, la fièvre où elle le jette, l'ennui qu'elle éprouve avec lui. On sait qu'elle trompe l'aigle avec des coqs et des dindons. Que personne ne l'ignore sauf, tout naturellement, lui. Que c'est toujours elle qui devrait demander pardon, que c'est toujours lui qui l'implore. On sait l'indifférence où sa gloire la laisse, sa gloire dont elle vit, qui fait, sans peut-être qu'elle s'en doute, sa fortune invraisemblable et ses joies inespérées. On sait qu'elle n'a pas cet héroïsme féminin qui conseille à la femme d'être, par tous les moyens en son pouvoir, la récompense et la consolation, à plus forte raison quand il s'agit d'un homme comme celui-là. D'ailleurs ce n'est pas sa faute : elle ne l'aime pas. Les femmes n'aiment pas par admiration. Elles admirent par amour. Et peut-être bien que les hommes ressemblent aux femmes sur ce point.

On sait sa générosité pour elle, qui ne se démentit jamais. On sait qu'il fut renseigné très exactement en Égypte sur la conduite qu'elle tenait en France et qu'elle avait toujours tenue dès le lendemain de leurs noces. On sait sa souffrance, sa révolte, sa résolution de la répudier, la comédie qu'elle joua à sa porte dès la nuit de son retour, et sa fermeté d'abord, puis son attendrissement brusque dès qu'elle eût conduit à cette porte ses deux enfants en larmes qu'il aimait. On sait qu'il ne revint jamais sur le pardon accordé si difficilement, qu'il ne tira jamais, ni en actes, ni en paroles, la moindre vengeance de ses amants qu'il connaissait. On sait qu'il la couronna de ses mains avec une grâce attendrie et ne souffrit jamais qu'elle parût souffrir. On sait que le divorce étant décidé dans sa tête, il hésita des années par pitié, par tendresse superstitieuse, à lui signifier une volonté qu'il eut toutes les peines du monde à faire triompher de ses propres scrupules et des larmes vraies ou feintes qu'elle versa devant lui. Ce qui frappe le plus, chez cet homme qu'on a voulu représenter, à l'occasion de son plus grand et de son plus naïf amour, comme ayant escompté sa gloire pour obtenir la protection d'une catin sur le retour, c'est sa pureté de cœur.

« A tout ce qui touche à la volupté, dit l'un de ses proches, il donnait une couleur et des noms poétisés. » Dès qu'il ne croit pas sa force intime menacée, en effet, dès qu'il entrevoit l'amour permis dans la liberté du mariage il se détend, il abandonne son attitude de défense, on ne découvre plus trace, dans ses gestes, de ce caractère furtif que prennent, quand il a la responsabilité et la dignité de la toute-puissance, ses escapades de bourgeois ayant peur d'être surpris. Il se conduit avec la grosse volaille autrichienne qu'envoie au Minotaure le Saint-Empire terrassé, avec une imagination et une impatience de sous-lieutenant amoureux. Il la surprend dans sa voiture, à la barbe du protocole, pour l'embrasser deux heures plus tôt. Il lui prodigue les cadeaux, les attentions, les gâteries. Elle dit à tous, elle écrit aux siens qu'elle est la plus heureuse des épouses. Plus tard, dans son exil, sachant sa conduite malpropre, son ingratitude, sa veulerie, il n'y fait pas une allusion et la loue, au contraire, du bonheur qu'elle lui a donné. Je crois bien que c'est parce qu'il s'est rendu compte de la fraîcheur inaltérable de son tempérament d'amoureux qu'il a, pour une défense instinctive de son illusion, cherché par le mariage à la préserver des atteintes de l'expérience et à se préserver du même coup des tourments qu'elles infligent et des servitudes intolérables qu'elles risquent d'imposer.

3

Mais attention ! Il faut des souffrances atroces pour parvenir à découvrir en soi quelque puissance éternelle capable de limiter le besoin même de cette expérience-là. Il faut avoir pleuré la nuit, mordu ses draps, mordu ses poings, goûté l'effroi de l'insomnie, erré le jour dans l'anxiété épouvantable au bout de laquelle il y a de courtes joies insensées ou l'ardent désir de la mort. Il faut avoir appris, en ces heures affreuses, à serrer son cœur entre ses mains pour en écraser les bonds, il faut avoir ouvert, fouillé sa blessure soi-même pour aller dépister enfin au fond d'elle la plus grande somme de mal que l'homme puisse éprouver, il faut avoir trouvé la force et le génie, au centre même de son être dévasté, d'agir quand même, d'inventer quand même, d'ordonner quand même, de paraître aux autres hommes, malgré la pâleur qu'ils vous voient et votre fièvre qui les brûle, aussi ferme qu'auparavant, et plus haut qu'ils ne le sont.

Qu'on se représente que le moment le plus enivré de son amour pour sa femme, et en même temps le plus tourmenté de désirs et de soupçons, coïncide précisément avec ses premières batailles, c'est-à-dire avec la minute décisive où il va, selon son action, disparaître de l'Histoire ou y affirmer la force singulière qu'il se sent. Qu'on se représente ces nuits d'attente anxieuse dont l'aube sera peut-être celle de son dernier jour ou de son plus beau triomphe, ces journées tragiques où la moindre faute de manœuvre risque de perdre son armée et de ruiner sa fortune, et le monde penché sur lui... Et toutes ces choses tenant dans les parois de la poitrine d'un enfant de vingt-sept ans, rongé de gale, les yeux caves, surmené, ne dormant pas, et torturé d'amour. J'imagine que plus tard les victoires qu'il remportera et sur les autres et sur lui-même, lui paraîtront bien plus faciles. Car maintenant, la moindre rêverie parce qu'il vient de recevoir une lettre un peu moins banale, le moindre besoin d'être seul pour mieux souffrir parce qu'un soupçon brusque vient de le couvrir de sueur, la moindre hésitation parce que le dernier courrier, qui arrive précisément à la seconde où il doit prendre une décision capitale ne lui apporte pas un mot, le moindre regard en arrière parce qu'il sait l'adorable infidèle à quelques heures de lui, peuvent faire tomber d'un seul coup, en une minute, l'échafaudage de ses combinaisons. Or, pour dormir, ou se reposer, ou écrire une lettre, ou répondre à une autre, ou courir voir cette femme entre deux combats pour une heure de volupté ou le plaisir atroce de se déchirer à son attitude distraite, il ne diffère pas d'une seconde l'ordre à donner, ni la responsabilité à prendre, ni l'action qui se produit à l'instant où il l'a d'abord décidé. « *Un soldat*, écrit-il à propos d'un suicide, dans un ordre du jour de cette époque, *doit vaincre la douleur et la mélancolie des passions.* »

Ce n'est pas tout. La France, l'Italie sont à ses pieds.

Les femmes le sollicitent. La belle Grassini à qui, plusieurs années après, il jettera l'aumône de quelques mois d'amour, se traîne à genoux à sa porte, qu'il n'ouvre pas. Le héros ne peut pas, ne veut pas être consolé. Dans la fièvre où l'orgueil, l'ambition, le besoin de gloire et d'action, la jalousie, le désir, la souffrance physique, l'emportement de la victoire continue, la tourmente morose du désespoir sentimental consument sa maigre carcasse, sa peau livide, déchirée de sillons sanglants, ses immenses yeux bleus dont la flamme est tapie au fond de la caverne des orbites, il reste vierge, maître de son corps d'ascète, maître de son cœur de feu : « *Mon âme était trop forte pour donner dans le piège : sous les fleurs, je jugeais du précipice... Ma fortune était dans ma sagesse ; j'eusse pu m'oublier uné heure, et combien de mes victoires n'ont pas tenu à plus de temps !...* »

Ainsi, il a aimé l'amour. Ainsi, il a élevé le pouvoir qu'il exerçait sur lui-même jusqu'à contraindre l'amour, même à l'instant de ses assauts les plus terribles, à reculer devant une passion moins tyrannique mais dont il sentait la permanence et à laquelle, jusque dans ses minutes de la plus cruelle torture ou du plus complet abandon amoureux, il souhaitait une victoire qu'il achetait de son bonheur. Il ne s'agit pas, pour Samson, de s'abstenir de l'amour, mais de dominer l'amour dans les plus sanglantes rencontres. Celui qui aspire à contraindre tous les hommes à l'admiration et à l'obéissance ne les y contraindra jamais s'il n'a multiplié sa force dans son corps à corps avec l'amour et sa victoire sur l'amour. Là est la mesure du héros. Chaque fois qu'il cède à l'amour, la lutte s'engage.

S'il est vainqueur son héroïsme, après, est fait d'une plus forte nourriture. Les contemporains, et surtout la postérité, ne voient que les résultats de ces victoires. Ils n'aperçoivent pas le sang qu'elles ont coûté. Surtout quand il s'épanche dans le silence d'un grand cœur.

VIII

DEVANT L'ESPRIT

VIII

DEVANT L'ESPRIT

I

Il y a, en chacun de nous, une force centrale, que la plupart, d'ailleurs, ne savent pas utiliser. Impérieuse et en même temps dominée, elle fait l'homme supérieur, c'est-à-dire le poète, quels que soient le domaine et le langage du poète, qu'il œuvre dans la pensée ou qu'il œuvre dans l'action. Elle exige de lui, qu'il le veuille ou non, les mêmes joies, les mêmes maux, les mêmes sacrifices, les mêmes duretés envers lui-même, toutes réactions identiques dont l'objet et le prétexte changent, ce qui différencie les poètes les uns des autres et inflige à leur langage l'apparence sous laquelle il nous atteint. Ce langage s'impose à lui, il est lui-même. Ce n'est pas lui qui le choisit. Il est l'aspect que prend, au contact de cette force tyrannique, le monde avidement interrogé. Ainsi la mode, ainsi le goût, ainsi cette faculté de certains qui réussissent tour à tour, ou simultanément, et avec un succès égal, à cultiver la peinture, et les lettres, et la musique, et la diplomatie, et la politique, et le commerce, et l'industrie, sont-ils à l'opposé de la puissance du poète, une, autonome, irrésistible, obligeant toutes les autres aptitudes à entrer dans celle qui l'emporte comme éléments constitutifs. Combien de musiciens que la littérature assomme, et d'écrivains que la musique fait fuir ! Ses idées sur la peinture diminuent-elles Pascal ? Napoléon n'eût rien compris à la musique, à la peinture, aux lettres, qu'il fût resté l'un des plus grands entre les héros de l'esprit. L'héroïsme, d'ailleurs, est d'ordre spirituel. Le reste s'appelle bravoure, dureté du cuir, ou du cœur, et ne nous regarde pas.

Il faut être prudent, au reste, si l'on veut apprécier, en ce domaine, les goûts de Napoléon. Il n'avait pas le temps de nous les dire, et quand Las Cases ou Gourgaud les rapportent, je préfère, même s'ils me semblent acceptables, n'en tenir qu'un compte distrait. L'unité dans le jugement dénonce la haute culture, et Las Cases et Gourgaud n'en étaient pas assez pourvus pour évaluer comme il convient celle de Napoléon. Je préférerais qu'on eût noté d'un bout à l'autre sa conversation avec Gœthe qui s'est contenté de signaler, à deux reprises, la « justesse parfaite » de ses observations. Mais cela même ne me suffit pas. Gœthe était flatté que *Werther* fût le livre favori du Maître. Et puis je me méfie de l'époque, toute sentimentale et dogmatique dans le goût. Il vaut mieux s'en tenir aux faits. Il a lu beaucoup, peu l'Histoire — mais qu'est l'Histoire de son temps, Montesquieu excepté, qu'il aime ? — et à tort et à travers. Le temps lui a manqué pour mettre au point et approfondir sa culture, plutôt étendue pour l'époque. Mais il semble aller droit, comme d'instinct, aux grandes œuvres. Il n'aime pas — a-t-il si tort ? — la production contemporaine, à part Gœthe et Chateaubriand, ce qui n'est point si sot. Et après tout, il a bien autre chose à faire qu'à lire et à commenter des romans.

Il était plein de la pensée antique et orientale, ce qui n'était peut-être, chez lui, que la marque d'une discipline ancienne, contractée dans sa jeunesse, quand il portait Plutarque dans sa cantine d'officier. Cependant, il lisait avec passion l'*Odyssée* et l'*Évangile*, l'aventure à travers les mers, l'aventure à travers les âmes, que complétaient les *Mille et une nuits* et l'*Itinéraire de Paris à Jérusalem* dans le voyage imaginaire où l'entraînaient ses souvenirs de cette Méditerranée où il était né et où s'était levée sa gloire qu'il avait poursuivie dans des plaines illustres jusqu'à la cité fantastique des Doges, et relancée pour la mieux sentir dans son essence, jusqu'au berceau où s'éveilla la commune gloire des hommes, des Pyramides au Sinaï. Je n'y verrais donc point nécesairement une inclination littéraire si l'imagination, d'autre part, n'était pas la source unique où l'action et la pensée s'abreuvent, si son goût pour Dante et Ossian, pour *Werther*, pour le *Génie du Christianisme* * ne confirmait, dans la pente de son esprit, cet irrésistible besoin d'échapper aux petits soucis, aux petites combinaisons, aux petis intérêts de l'âme pour s'enfoncer dans le redoutable mystère de sa Passion résolue à aller au bout d'elle-même, dût-elle s'y consumer.

En effet, c'est elle qu'il cherche et pour cela, Rousseau à part peut-être et Montesquieu dont il dit, avec une singulière clairvoyance, que c'est « *le seul écrivain dont on ne puisse rien retrancher* » et où il reconnaît, sans doute, le plus solide initiateur de ses idées sociales et politiques, le XVIIIᵉ siècle le laisse assez indifférent. Au temps où on le met encore au rang des grands tragiques, il voit parfaitement le vide de Voltaire, qui ne connaissait « *ni les choses, ni les hommes, ni les grandes passions.* » Par contre Racine l'attire, et c'est *Andromaque* et *Phèdre* qu'il lit et qu'il commente avec le plus de ferveur. Il respecte Corneille, sans doute, parce qu'il voit en lui un rouage fondamental de son système politique, mais il ne le lit que fort peu. Peut-être trouve-t-il que la passion y est trop vaincue d'avance, et qu'on y suit moins bien que dans Eschyle « *la progression de la terreur* » ? Pour les tragiques grecs, au reste, il se récuse à demi, les estimant trop travestis, demandant qu'on les restitue dans la traduction littérale, avec les costumes et les chœurs. Tout cela se tient assez bien, en somme, jusques et y compris son amour pour la musique, reprise victorieuse de la vertu organisatrice de l'homme sur le chaos de ses passions. La tragédie, c'est l'aventure passionnelle ordonnée par l'effort d'une intelligente volonté. Il semble qu'il suive, dans l'Histoire et le Drame, comme à l'intérieur de lui-même, ce travail des forces muettes qui les déterminent et que le Chef et le Poète se bornent à organiser.

D'ailleurs, quand il ne sait pas, quand il ne sent pas, il avoue. Dès qu'il s'agit de choisir des tableaux et des statues en Italie, il délègue ce soin à des membres de l'Institut, ce qui peut nous paraître aujourd'hui une idée bien singulière, et dans tous les cas fort naïve, mais ce qui est tout à fait d'accord avec l'ensemble des parti-pris qu'il adopte vis-à-vis de tous les objets où son génie n'exerce pas son action propre et que, dans son besoin constant d'unité monumentale, il attache puissamment à son système pour qu'il ne présente aucun trou. Il semble à peu près fermé à l'art plastique où ce système aussi s'exerce, système que David lui impose après en avoir empêtré la Révolution tout entière et qui est assez ridicule, ce qui n'empêche pas David d'être un grand peintre et Napoléon d'y trouver, sans doute, ces directions trop arrêtées et ces profils trop catégoriques qui lui réussissent si bien dans le domaine positif de l'Administration et de la Loi. Au reste il se connaît en hommes, il fuit ou dédaigne le sot, l'intelligence et la force l'attirent, il ne lui est pas difficile, aussi éloigné qu'il se trouve du véritable esprit de la peinture, de reconnaître dans leur conversation, leur accent, leurs silences même, la supériorité de certains artistes sur les autres. Or, après David, Prud'hon et Gros sont ses peintres favoris.

2

C'est parmi les hommes de pensée qu'il cherche et trouve ses amis. Il est tout à fait remarquable que Desaix à part, qui paraît avoir été de sa race, à qui il trouvait « *un caractère antique* » et dont il eût voulu faire son second, il n'y ait pas eu, parmi ses officiers, un seul homme près de son cœur. Il aima Lannes, sans doute, Duroc aussi, Bertrand, mais celui-là comme on aime un objet familier et splendide, une statue, une peinture, comme le type le plus accompli de ces chefs magnifiques qui, partis pieds-nus d'un village des Vosges ou des Pyrénées, comptaient tous leurs grades au nombre de leurs exploits, de leurs blessures, commandaient une armée à trente ans, monstres de force claire et d'énergie joyeuse, jeunes, nets, nerveux sous leurs dorures, hauts de stature, minces de taille, réclamant la responsabilité la plus terrible d'un cœur enflammé et d'une âme tranquille, ivres de guerre, affamés de gloire et de mort. Et ceux-ci comme de bons dogues, qui gardent ou mordent bien.

Ses amis, s'il en a, c'est Monge et Laplace, esprits tranchants et musicaux, poursuivant dans la poésie silencieuse du Nombre ces coordonnées inflexibles qui les conduisent à édifier la *Géométrie descriptive* et le *Système du Monde*, comme elles ont conduit son imagination à saisir, dans les lignes convergentes des mouvements de ses armées et de ses édifices politiques, la forme de la suprême victoire qui lui échappera toujours et de l'édifice spirituel qu'il n'achèvera jamais. C'est Berthollet, qui pousse le caractère et le courage jusqu'à abjurer ses erreurs scientifiques publiquement et qui, comme lui-même, a coutume d'établir ses constructions abstraites sur l'objet le plus matériellement et le plus directement observé. C'est Cabanis, âme impérieuse et pure, avec lequel il se rencontre dans une horreur commune de cet idéalisme dogmatique en qui l'intelligence éduquée par la biologie et le génie vivant nourri de sa propre substance voient l'un et l'autre un mal dont leur force sensuelle ne peut souffrir le contact. Il semble que ces illustres amitiés, après ce que nous savons de ses goûts et de ses lectures et de sa rencontre avec Gœthe, mettent suffisamment au point cette haine pour les idées qu'on l'accuse de nourrir.

Ce qu'il hait, c'est l'idéologue. Et on s'est, le plus souvent je pense volontairement, trompé sur le sens de ce mot. Il eût mieux fait d'en employer un autre — phraséologue par exemple, — qui eût moins prêté à l'équivoque. Quand il parut, la pensée semblait morte en France. Les Académies, les Salons, les Assemblées étaient peuplés de caricatures extravagantes des idées et des hommes du grand siècle finissant. Les Grecs, les Romains, le *Contrat Social*, l'*Esprit des Lois*, le *Dictionnaire philosophique*, empêtraient ces héros de carton-pâte et leurs formules ressassées dans un pathos emphatique de libelles et de tribune que la canaille de journal et de comité se passait malproprement de bouche en bouche aux applaudissements des ilôtes de la Liberté. Il faut savoir ce que représentaient ces métaphysiciens sociaux et politiques, philosophes de club, constructeurs de bonheur définitif et de constitutions dans l'espace qui se fussent crus déshonorés s'ils n'avaient revêtu la toge pour parler, niais prétentieux, bavards sinistres, vermine pullulante des charniers et des prétoires, — et mettre en face d'eux cet esprit clair qui tranchait droit, cette imagination puissante qui n'aimait que le plein et ne voyait que les ensembles, pour se rendre compte de l'espèce d'horreur physique qu'ils durent lui inspirer. Ils se turent, d'ailleurs, dès qu'il eut fait un geste, et brodèrent des clés sur les pans de leur frac. Les moins sages se mirent en

devoir d'accommoder en alexandrins boursouflés leurs
maximes poussiéreuses, ou d'éternuer leurs fades harangues dans les courants d'air de l'Institut. « *Bon Dieu !
que les hommes de lettre sont bêtes !* »

En effet.

3

On prétend, — M. Thiers, je crois, — qu'au cours d'une
de ses conversations avec Gœthe il dit, ou à peu près :
« *Je ne comprends pas qu'un homme comme vous n'aime pas
les genres tranchés.* » Mot de Latin aristocrate et logicien,
faiseur de Codes, perceur de routes, bâtisseur de ponts.
Mot tout à fait d'accord avec la structure d'un esprit
n'admettant pas qu'il pût y avoir d'autre intervalle entre
la conception et la réalisation que celui de l'ordre à donner.
Mot de chef, assignant à chacun sa place, pour un rôle
déterminé. « *C'est un grand coloriste,* disait-il de Tacite,
mais non pas un historien. » Car il ne méconnaît personne,
à condition que personne ne se méconnaisse d'abord.
Aucun confusionnisme. Si son poème s'enfonce tous les
jours plus loin dans les perspectives imaginaires que sa
marche rapide lui ouvre à chaque pas qu'il fait, tous les
moyens de son poème s'ordonnent en lui, rigoureux,
chacun à son plan, à sa place. L'architecture de son intelligence est sensible et même mesurable dans tous ses actes
extérieurs. C'est un Romain, un constructeur, lançant
dans tous les sens des canaux et des routes pour frayer,
dans le riche désordre de la terre, des voies nettes et
claires où puisse circuler l'esprit. Il jette bas les vieux

quartiers, les éventre d'avenues droites, élève des fontaines qu'alimentent des aqueducs. Il perce les montagnes. Il comble les ravins. Il endigue les fleuves. Il dessèche les marécages. Il donne aux routes, aux ponts un régime solide, pour entretenir leur santé. Qu'on ne lui parle pas du fer qui rouille et gondole. Il ne connaît que la pierre. Il veut prolonger dans la durée l'espace qu'il mesure de l'œil et auquel il inflige la forme de sa volonté. Il fixe un terme aux travaux qui commencent à la minute où il les dicte, et, à ce terme, on les finit. Ses propres besoins se transforment sur l'heure en projets d'utilité publique. S'il attend, au bord d'un fleuve, un bac qui tarde à venir, cela décide un pont, qu'on fait. Le monde s'organise en lui avec une fermeté de profils et de contours telle que ses vues, dans tous les domaines, prennent un caractère de rigueur monumentale dont l'acte est l'immédiate et directe traduction.

C'est pour cela que sa pensée est d'une netteté farouche, avec des arêtes vives, des plans silencieux et nus, et va d'un bloc, par grandes masses, tombant net où il veut avec un formidable poids. Je n'aime guère, je l'avoue, ses proclamations si vantées où il s'efforce, pour se faire entendre du soldat, à parler non point sa langue, mais celle qui agit sur lui, où il n'est plus que rarement lui-même, se répète, semble ailleurs, et sonne creux. Mais parfois sa correspondance, toujours si nette, si rapide, dure et tranchante comme une épée de combat, et surtout quelques-unes de ses conversations et harangues conservées, ont une allure si grandiose qu'elles réalisent le miracle, précisément parce qu'elles n'appartiennent qu'à

un « genre », l'éloquence, et la plus ferme et la plus dé-
pouillée, de présenter tour à tour, avec de brusques tour-
nants et d'émouvantes surprises, l'animation pittoresque
et imagée du récit d'aventure épique, le mouvement profond et continu de l'expansion lyrique, les contrastes
poignants de la tragédie en fureur. « Du granit chauffé
au volcan », disait un de ses professeurs de Brienne.
C'est bien cela, avec la vie en plus. Il écrit, dicte et parle
comme il est. On dirait que la fierté du caractère soutient
à sa hauteur le mot, qu'elle le maintient à sa guise au-
dessus de l'expression vulgaire ou le précipite dans le
discours au moment et à l'endroit voulu, comme une
pierre. L'énergie de la pensée domine et entraîne la phrase
dans un emportement vertigineux et ferme, haletant
de digressions brusques. Des éclairs courts, mais répétés
illuminent des abîmes où, grâce au mot concret, familier
ou même trivial jeté dans quelque grande image, la réalité
pittoresque d'un site splendide apparaît, montrant soudain l'homme lui-même, révolté, ou sarcastique, ou malheureux, désarmé ou même bonhomme sous les grandes
ailes du dieu.

Il ne s'agit point, n'est-ce pas, de confier à des artistes
le commandement des armées ou le gouvernement des
peuples. On risquerait qu'ils songent à l'ode à écrire ou au
tableau à peindre précisément à l'heure où il conviendrait
d'agir. Mais il se trouve que les peuples n'ont jamais été
réellement gouvernés et les armées commandées que par des
poètes actifs ayant la force et l'intuition lyrique qui con-
viennent pour manier les sentiments et les besoins des multitudes avec la même ivresse sûre que celui-là groupe

les mots ou celui-ci les couleurs. Et prenez-y garde, en réalistes. Napoléon ne diffère de Shakespeare ou de Michel-Ange, de Rembrandt ou de Balzac que par la qualité propre de la matière de son art. Comme eux, il imagine une réalité seconde qu'il crée avec les objets les plus palpitants de la réalité la plus directe. Comme eux il ne choisit pas ces objets. Ces objets s'imposent à lui. Et ce n'est pas sa faute si la force qui le tyrannise exige, pour le libérer, que ces objets ce soient des hommes, leurs passions, souvent leurs os. Il obéit. Il prend les matériaux que Dieu même lui désigne pour bâtir son monument.

IX

L'ARGILE

IX

L'ARGILE

I

Quand il devient le chef suprême, il a la plus belle armée qui fût probablement jamais sur terre, parce que jamais circonstances pareilles ne s'offrirent pour la fondre et la forger. Elle guerroie depuis dix ans sur toutes les frontières, d'abord battue, allant comme un troupeau sans maître, misérable et illuminée, puis remontant la pente peu à peu dans l'expérience atroce de la guerre, éliminant les éléments mauvais par le hasard du feu ou la vertu de la hache, trempant les plus solides en même temps par la pauvreté, l'ambition, la foi, la bravoure, le sacrifice, la terreur. Elle-même a reconnu ses maîtres, qui ont marché dans ses rangs en haillons et sans semelles, qui ont connu la faim, le froid, la passivité, la misère, les illusions du soldat, ont groupé autour d'eux sa force obscure et éparse comme autant de grains durs que les sucs du sol nourrissent et qui poussent, entre les orties et les pierres, droit vers le haut. Tel colonel de trente-cinq ans a eu comme soldat tel commandement d'armée de trente qui a mordu au même pain et couché sur la même paille que cent hommes de son régiment dont le poil est déjà gris. Un même esprit commence à circuler en elle, soudant ses os, tendant ses muscles, enflammant ses nerfs, équilibrant ses qualités dans les contrastes nécessaires, ordonnant l'organisme entier en organes solidaires, légions denses et souples nées dans la bataille, formées par la bataille, vivant en vue de la bataille et dont chaque cellule, imprégnée de sel et de fer, est à la place exacte où l'exige le combat. Un même esprit, où les oppositions d'intérêts et de sentiments exaspèrent l'énergie sous l'aiguillon de l'amour-propre, harmonise la force entière pour la lancer aux mêmes buts. La passion aventureuse des soldats d'Italie, la passion idéaliste des soldats du Rhin s'amalgament, bloquant les jalousies et les haines individuelles, les vertus et les vices collectifs dans un ensemble vivant dont le cadre commun maintient l'unité frémissante et qu'une forte main, obéissant à une grande tête, dirige sans un à-coup.

La Grande Armée résume la nation guerrière, de la Gaule de Brennus à la France de Richelieu. Comme toujours, elle cherche et trouve dans la guerre étrangère un accord pour une action unanime qui fait cesser une heure les convulsions internes où ses facultés combatives s'aiguisent et entretiennent, dans leur constant antagonisme, son profond désir d'ordre, de mesure et d'unité. Les Germains et les Latins, les Celtes et les Normands, les Francs et les Albigeois, les Armagnacs et les Bourguignons sont présents dans la Grande Armée. Les chefs gascons, Lannes, Bernadotte, Brune,

Bessières, Soult, Lamarque, Clausel, Nansouty, Reille, à qui Mortier conduit les tisserands de Flandre, Augereau les boutiquiers parisiens, Suchet les canuts lyonnais, Davoust les forgerons de Franche-Comté et de Bourgogne, Cambronne les cordiers bretons, apportent l'imagination, l'astuce, le nerf dans la soudaine attaque, l'endurance des chairs osseuses qu'un peu de pain, quelques figues, l'eau du torrent tient en santé, ce goût inné du pillage et de la maraude qui fait éclater les lazzis et les cris de joie quand pointent à l'horizon les minarets et les flèches, ce violent appétit d'éblouir et de paraître qui cherche son aliment dans l'aventure exceptionnelle et le suit jusque dans la mort. Murat galope à l'avant-garde, ruisselant de diamants et d'or, secouant ses panaches et ses aigrettes, sabre au fourreau, fouettant de sa cravache la croupe maigre des petits chevaux des Cosaques que font fuir ses jurons patois. Derrière Ney qui s'avance dans la neige ou la fumée avec ses cheveux rouges et tordus comme des flammes, son visage en feu, ses yeux terribles, les chefs lorrains, Gouvion Saint-Cyr, Oudinot, Drouot, Mouton, Gérard, Lasalle, Exelmans, à qui Harispe et Barbanègre conduisent les bergers des Pyrénées, des Landes, Montbrun, Victor les bûcherons du Dauphiné et des Cévennes, Jourdan les maçons limousins, Daumesnil les carriers du Périgord, Masséna les contrebandiers des Maures, l'ombre de Desaix les bouviers d'Auvergne, fournissent au moule commun l'obéissance, la continuité soutenue et la fermeté dans l'action, la puissance de résister aux entraînements imprévus, aux paniques, une force massive et redoutable dans l'orgueil de cimenter des hommes à des hommes par le moyen de leur impitoyable volonté, une sorte de sombre ivresse à mourir dans l'entêtement d'une seule idée sans contrepoids. Les vignerons des coteaux qui bordent les fleuves, les laboureurs des grandes plaines sont la chair autour de ces axes et de ces centres, vertèbres, cellules nerveuses, âme et cœur de la Grande Armée. La chair tassée sur le sillon, l'aimant avec fureur, âpre et sanguine parce qu'elle vit dans le vent, s'y tane, se nourrit avec la châtaigne qu'elle gaule et le pain qu'elle pétrit et s'anime d'une pointe vive avec son cidre et son vin. Peuple, armée de paysans, où une grande capitale nerveuse, tourbillonnante, impressionnable, jette à même le sang calme et la moelle attentive les terribles ferments de l'idéalisme collectif, de l'égoïsme individuel, de l'instabilité dans les désirs, les moyens et les méthodes. Peuple désordonné, armée vaincue si quelque grand péril et quelque grande volonté n'imposent pas l'accord et l'ordre. Harmonieux dans leur pensée, victorieux dans leur action, si ce péril et cette volonté surgissent à quelque tournant du chemin. Peuple, armée de mauvaise humeur, de mauvaise foi, vaniteux, brouillons, découragés, paresseux dans l'instabilité d'une paix intérieure ou extérieure trop longue et de désirs mal dirigés. De bonne humeur, de bonne foi, simples, ingénieux, héroïques, fervents dans la stabilité d'une décisive aventure et d'une forte direction... Voilà ce qu'ils lui donnent, et voici ce qu'il leur rend.

Remarquez qu'il fallait, pour cela, que ce peuple entier fût en armes, régions, métiers et classes confondus. Il fallait que son chef fît de la conscription un instrument

normal et permanent, songeât au système des réserves,
et préparât ainsi la guerre à devenir organique, de spora-
dique qu'elle était auparavant. Il fallait que, par là, en y
plongeant les racines des peuples, en consacrant l'idée
de la Révolution d'en faire un moyen collectif, pour les
peuples, de propager leurs idées, leurs besoins, leurs aspi-
rations, leur impérialisme spirituel, il la solidarisât si
profondément avec eux qu'elle ne fût plus séparable
de leurs destinées essentielles. Et qu'ils en vinssent
grâce à lui, soit au désir passionné de la supprimer pour
toujours — ce qui peut-être est le moyen le plus sûr de
la perpétuer, — soit à l'obligation de lui faire rendre,
chaque fois qu'ils seraient contraints de l'employer, le
maximum des terribles bienfaits qu'on peut retirer du
drame quand toute la chair, tout le cœur, tout l'esprit
sont acculés à le subir.

2

Que pensait-il de ce peuple français, « poète entre les
nations »[1], de ce violoncelle géant dont souvent on brise
les cordes ou dont les cordes se brisent parce qu'elles
se tendent trop, boîte d'harmonie frémissant à tous les
souffles qui passent, sensible à chaque main qui s'en
approche, vivante, vibrante, tremblante et qui n'attend,
pour unir tous ses sons errants dans l'onde large et pleine
de la mélodie décisive, qu'un archet fort ? « Il aimait la
France avec passion », nous dit Bourrienne. Mais Bour-

---

1. Élisabeth Browning.

rienne a-t-il pénétré les mobiles et la signification de cet amour ? Quand Taine écrit qu'il aimait la France « comme un cavalier aime son cheval », ne semble-t-il pas plutôt sur la voie ? Mais ne parle-t-il pas en professeur, objectif, assez rogue et roide, et malveillant ? Et puis, est-il bien facile de connaître les sentiments d'un cheval, et la France n'est-elle pas mieux, ou dans tous les cas autre chose, qu'un cheval ? Au contraire, quand Napoléon lui-même dit ceci : « *Je n'ai qu'une passion, qu'une maîtresse, c'est la France. Je couche avec elle. Elle ne m'a jamais manqué...* », ne sommes-nous pas bien plus près de comprendre la nature de l'affection qu'il lui portait ? Lui d'un côté, elle de l'autre. L'un par l'autre, ils goûtent l'ivresse qu'aucun d'entre eux séparément ne connaîtrait, que nul homme, jamais, n'avait fait connaître à la France et que la France est seule capable de verser. J'ignore si le mot « patriotisme » convient à qualifier ce sentiment. Je ne le crois guère, à vrai dire. Mais plus individuel, plus rare, moins désintéressé certes, je me demande s'il n'est pas aussi bien plus vaste et s'il ne porte pas, dans sa violence dramatique, une fécondité poétique et même positive que le patriotisme ignore. On discute depuis toujours sur la vertu respective du mariage et de l'amour. Ce sont deux choses différentes, l'une assurant la conservation de l'espèce, l'autre son expansion lyrique, l'une où les vertus sociales se trempent et l'autre où prend naissance l'art. Ce n'est pas la faute du citoyen s'il ne joue pas, dans le drame humain, le même rôle que l'artiste. Et réciproquement.

En tout cas il l'a bien vu, il l'a bien dit. C'est à l'amour-passion que leurs sentiments ressemblent. Ils se querellent, s'injurient, il la fouaille et l'ensanglante, il la pare et l'embellit, l'enivre de poudre et de gloire, elle l'affole d'orgueil, le transporte de jouissances, elle porte sa puissance nerveuse au plus haut point d'exaltation, elle le mord, elle pleure, elle crie de volupté et de douleur et en fin de compte, épuisée, après leurs plus belles et leurs plus furieuses étreintes, le jette dans l'escalier. Qu'il cogne à la porte, elle l'ouvre avec des sanglots délirants et quand on vient l'arracher de ses bras, garde toujours les yeux fixés, dans son pauvre visage exsangue, sur le merveilleux souvenir que tantôt elle évoque et tantôt s'efforce d'oublier en paroles de flamme, en violentes orgies de musique et de peinture, en silencieux vertige de désespoir sentimental. Au point de se prêter un jour, dans le vide de son chagrin et des mots creux dont on le berce, aux flasques caresses d'un homme qui a posé sur ses moustaches un masque de carton et lauré de papier peint ses rouflaquettes afin qu'elle le prît pour lui...

Je n'ignore pas les réfractaires, ni les sourdes révoltes qui, parfois, accueillaient ses arrêts terribles quand, après avoir connu les tortures de la soif sur les plateaux sinistres de Castille où les pires supplices attendaient les traînards que la guerilla ramassait derrière l'armée, il fallait repasser les monts, traverser à pied l'Europe entière pour aller mourir dans la neige, les os brisés, de la vermine dans ses plaies, la faim au ventre, la glace au cœur, la pourriture dans le sang. Je n'ignore pas qu'à partir de 1809, en tout cas de 1812, après les délires d'amour de l'Italie, de Brumaire, du Consulat, d'Austerlitz, on le haïssait quand il n'était pas là, même les soldats, même les conscrits. Mais voilà, s'il survenait, l'armée, le peuple éclataient en cris de passion. Il y avait les soirs de victoire et son apparition dans la bataille, les acclamations qui montaient. Il y eut le long cri d'amour qui le porta sur son onde sonore, du golfe Juan à Paris. Il y eut, à son propos, ce singulier enivrement de ceux qu'on conduit au massacre et qui agitent leurs armes non pour tuer mais pour glorifier celui qui les y conduit. Phénomène divin sans doute, qui fait qu'à ces instants-là les hommes sentent dans un homme l'instrument irresponsable d'un dessin vaste, inconnu, surnaturel qui les environne, les dépasse, les élève au-dessus de la destinée banale qui les attendait sans lui. Quand Rembrandt peint seul, dans l'ombre, toutes les molécules colorées qui errent sans direction par l'étendue indéfinie se précipitent avec ivresse vers sa force pour obéir au moindre de ses gestes et se gouper selon sa loi... Ainsi les molécules humaines sentaient que l'archange de la guerre traînait peut-être sur ses pas, pour qu'ils éclosent à la vie dans quelque lointain avenir, les fantômes de l'unité et de l'ordre de l'univers.

Amour vous dis-je, avec ses révoltes inutiles et son esclavage enivré. Soyez sûr qu'il le sent très bien. « *Que dira-t-on, Messieurs, quand je mourrai ?* » — « Sire, on dira : le monde a perdu le plus grand des hommes. » — « Sire, on dira : les peuples ont perdu leur père. » — « Sire, on dira : l'axe de la terre est changé... ». « *Vous n'y êtes pas, Messieurs. On dira ouf !* » On dira ouf ! comme, après avoir gravi une montagne réputée inaccessible et brûlé de fièvre et de soif, mordu par les serpents, déchiré par les ronces, couvert de sueur et de poussière, brisé d'orgueil et de fatigue, on s'étend sur quelque dalle d'ardoise, attendant la fraîcheur et la sainteté de la nuit. On dira ouf ! comme après avoir traversé un marécage empoisonné où grouillent les caïmans, on aperçoit, en abordant sur l'autre rive, les pommes d'or des Hespérides. On dira ouf ! comme après être sorti des bras terribles de Circé, on sent que ses parfums s'affaiblissent pour vos narines, et qu'on regarde des enfants et des bêtes jouer sur le bord du ruisseau. L'amour, en enfonçant son fer sanglant dans la chair profonde de l'homme, ouvre les sources de l'esprit.

On dira ouf ! L'homme, au paroxysme de l'amour, n'a-t-il pas mille fois souhaité la mort de l'amante, pour délivrer sa peau de la tunique qui la brûle et ressaisir sa liberté ? Celui-là traîne après lui, simultanément ou tour à tour, et souvent chez les mêmes êtres l'enthousiasme et la haine, l'ivresse et la souffrance, et c'est le lot des hommes tout puissants. Aucun indifférent. Il remue tous les cœurs, toutes les intelligences, et toutes les forces assoupies s'éveillent sur son chemin. Les peuples espèrent sa mort, mais ils souhaitent sa victoire. Les Elbois, quelques jours avant son arrivée, le brûlent en effigie, mais dès qu'ils savent qu'il arrive, un délire de joie les prend. Partout où il entre, à Milan, à Amsterdam, à Vienne, à Dresde, à Berlin, à Varsovie, même en pays ennemi, même dans les villes conquises, on s'étouffe sur son passage pour l'acclamer. Quand vaincu, prisonnier, désormais seul avec sa gloire, il arrive en rade de Plymouth à bord du *Bellérophon*, la mer se couvre à tel point de vaisseaux, de canots, de barques que tous se touchent, et s'il paraît sur le pont, toutes les têtes se découvrent dans un silence fervent. « Les hommes cèdent devant cet homme comme devant les phénomènes naturels »[1].

Chose étrange, non seulement l'ennemi, mais ceux même qui le haïssent subissent la fascination. La popularité banale n'a rien à voir avec cela. « *J'étais le soleil qui parcourt l'écliptique en traversant l'équateur. A mesure que j'arrivais dans le climat de chacun, toutes les espérances s'ouvraient, on me bénissait, on m'adorait. Mais, dès que j'en sortais, quand on ne me comprenait plus, venaient alors les sentiments contraires.* » C'est l'homme attendu que tous acceptent, même s'ils souffrent par lui. Tous, du plus rude et de la plus tendre au plus humble, au plus haut. Au cours de la traversée de France en Égypte, l'un de ses compagnons avoue : « Il n'y a pas un de nous qu'il ne fît jeter par-dessus bord, si cela lui était commode. Mais pour le servir nous nous y jetterions tous avant qu'il l'eût dit. » Decrès, qui l'a connu à Paris, va le voir quand il passe à Toulon, depuis quelques jours général en chef de l'armée d'Italie, mais sans victoire aucune encore : « Je cours, raconte-t-il, plein d'empressement et de joie... je vais m'élancer quand l'attitude, le regard, le son de la voix suffisent pour m'arrêter. Il n'y avait pourtant en lui rien d'injurieux, mais c'en fut assez ; à partir de là, je n'ai jamais tenté de franchir la distance qui m'avait été imposée. » Et quand il prend possession de son commandement parmi les superbes soudards qui ont fait la guerre plus que lui, dans des conditions plus dures, gagné des vic-

_____
1. Emerson.

toires déjà, commandé déjà des armées et qui voient venir, avec des mépris et des rires, cet étrange chef qu'on leur donne, malingre, maladif, avec ses longs cheveux sans poudre, son teint bilieux, sa gale, son baragouin corse, — Masséna, Serrurier, Laharpe : « Ce petit bougre de général m'a fait peur, » dit Augereau... Vandamme, type du soldat du Nord, inflexible, rugueux, grossier, fait plus tard le même aveu. Et Gœthe, simplement, interrogé sur les raisons de cette force de fascination singulière : « Il était lui, et on le regardait parce qu'il était lui, voilà tout. » Est-ce assez dire ? Y eut-il jamais tant d'hommes dans le monde capables de sacrifier le monde pour s'atteindre et en faveur de qui le monde consentît à se sacrifier ? Et faut-il, à propos de celui-là, évoquer le mot de Whitman : « Tout attend, tout se juge par défaut, jusqu'à ce qu'un être fort apparaisse... » ?

Échange mystérieux, profond, continu, même à distance, entre l'amoureuse et l'amoureux, entre l'homme et les hommes marqués par Dieu pour quelque acte dont Dieu lui-même ignore le sens véritable et les répercussions dans le futur ! Il n'inspirerait pas cet amour, ni cette terreur, ni cet ascendant invincible s'il n'était sollicité lui-même par l'attrait des forces secrètes que les masses qu'il entraîne et bouleverse enferment et qui l'attendent pour bondir. Cette popularité unanime, effrayante presque au début, qui faisait se ruer les foules sur ses pas, tendre aux balcons les drapeaux et les châles, tomber les fleurs sous les sabots sanglants de son cheval, qui remplissait sa rue, la nuit, quand vers le soir courait par la ville la nouvelle de sa présence, et qui plus tard, avec de brusques éclipses, des sursauts convulsifs, de brefs délires qui la faisaient monter à de telles hauteurs qu'avec elle seule, et lui, sans canons, sans fusils, sans soldats presque, il faillit refouler l'Europe et qu'un soir, quand il arriva de l'exil, toujours seul avec elle, les caresses de ses soldats manquèrent de le déchirer, cette popularité l'emplissait d'une ivresse étrange. Il la fuyait d'ailleurs, nous l'avons vu, pour la mieux goûter sans doute, comme on ferme sa porte à tous quand l'amante est là. Que lui importaient les clameurs, les fanfares, les couronnes, la ruée fanatique à son aspect, puisqu'il savait présente en lui cette force incomparable qui le berçait comme un navire et qui, aux instants dramatiques, ne lui manqua jamais. Il aimait l'instinct de la foule. C'était le sien. « *Je suis l'homme du peuple... La fibre populaire répond à la mienne...* » Et il lui suffisait de se savoir uni au peuple par les mouvements intérieurs qu'ils ressentaient en commun.

Je sais bien qu'il répondit, un jour qu'on lui demandait l'événement qui lui avait donné, dans sa carrière, la plus forte impression de bonheur : « *La marche de Cannes à Paris.* » Mais c'est que là il était seul, sans un sou, sans un soldat, seul contre le monde entier conjuré pour le faire disparaître, seul contre toutes les forces matérielles d'un peuple organisées pour lui barrer la route, et que, par la miraculeuse action des cœurs qui battaient contre son cœur même, il reconquit son empire sans verser le sang. Revanche inattendue, et qui suffit à laver de ses péchés cette grande âme qui jusque-là, pour réaliser les images que le monde attendait de lui avait dû, avec son consentement enivré ou malgré sa révolte étouffée sous un seul de ses regards, broyer tant et tant de vies, revanche inattendue d'une invincible pureté. Et comme après ce mot on saisit mieux, dans son innocence grandiose, cette autre réponse qu'il fit à Rœderer lui rapportant un propos tenu à son égard par son frère Joseph : « *Je n'accepte point cette faveur qu'il m'accorde d'être seul à m'aimer. Je veux pour amis cinq cents millions d'hommes.* »

3

C'est le caractère de l'amour qu'il exige des sacrifices mutuels incessants pour durer et s'approfondir, et celui-là était d'une qualité telle que les sacrifices exigés par lui, s'ils n'étaient pas pour effrayer Napoléon, dépassaient tous les jours un peu plus la capacité d'énergie et d'imagination des peuples. Et les peuples, quoiqu'on en puisse dire et croire, étaient beaucoup plus égoïstes que lui. Sa mission achevée, la Révolution, même vaincue, ayant jeté en France et en Europe des racines assez solides pour qu'on ne pût plus les en arracher, on se débarrassa d'une passion qu'on ne partageait plus parce qu'elle avait donné tous ses fruits pour les imaginations et les énergies ordinaires, en enfermant celui qu'elle tyrannisait dans une cage étroite où elle eut vite fait de le consumer jusqu'aux os. « *Je suis opprimé parce que je sors du peuple.* » Les peuples, exténués par ses embrassements furieux, consentirent à leurs maîtres la mission de l'abattre. Mais il avait lancé dans le ventre des peuples la semence des temps futurs.

Il fallut du temps. Il en faudra beaucoup encore. Et d'ailleurs, une grande action ne cesse pas. Elle a tant de profondeur et d'étendue qu'elle va jusqu'à créer des formes qui semblent la contrarier directement. Napoléon, comme tout ce qui est, n'est qu'un passage. Mais le plus essentiel, je pense, depuis le Christ.

Il est singulier que les protagonistes de la Révolution française au XIX° siècle, se soient presque tous acharnés à voir en celui qui ordonna la Révolution en France pour la jeter sur l'Europe, le destructeur de la Révolution. Michelet par exemple, si ennemi de la lettre, pourtant, et pour qui l'esprit compte seul. Le glaive, le sceptre, la couronne, la noblesse, tout cela a fait illusion. On préfère le mot République à la chose démocratie. L'étiquette a masqué les puissances profondes qui montaient du dedans des peuples et gonflaient le cœur de cet homme pour qu'il forçât le monde à rompre avec le Moyen-Age dont l'admirable organisme ne se survivait plus que dans des formes extérieures et des formules vides, et consentît à chercher les éléments d'un organisme nouveau dans les rythmes individuels révélés par la Renaissance. Parce qu'il s'est assis sur le trône de saint Louis et qu'il a enlevé, dans une de ses courses guerrières, la fille de Barberousse, on a oublié l'égalité civile imposée par la force à tous, la liberté des cultes imposée par la force à tous, l'Inquisition rentrant sous terre, le servage aboli partout où passent ses armées, et précisément, par un renversement complet des valeurs partout sanctifiées, des manants sur tous les trônes et des princesses dans leur lit. On n'a pas vu le caractère spirituel de cet impérialisme pareil à celui de

César, ou de saint Paul, ou de Luther, qui prétendait assujettir l'Occident à une idée simple, que toutes les consciences supérieures et tous les élans populaires acceptaient dans ses grandes lignes pour la répandre et l'imposer, par l'Occident, à l'Europe d'abord et peut-être ensuite à la terre. Il était seul, à ce moment, à représenter dans sa double puissance, conquise uniquement par lui, de chef de peuple et de chef d'armée, ce grand désir d'unité internationale que les Juifs avaient fait accepter aux Grecs, que l'Église avait hérité de Rome, et que la Révolution arrachait au domaine théologique en ruinant la hiérarchie qui l'y maintint, pour l'installer dans le domaine politique en prétendant renoncer à toute espèce de hiérarchie. Ce n'est pas la faute de Napoléon si la hiérarchie qu'il tenta d'établir pour inaugurer la démocratie universelle ne répondait pas à des besoins et à des exigences qui, maintenant encore, ne se définissent qu'à peine, et que l'industrialisme impossible à prévoir si formidable et si mondial devait modifier, compliquer, anéantir sur quelques points, accroître immensément sur d'autres. Il abolit, et pour jamais, un monde. Ceux qui croient, comme lui, que l'imagination de l'homme est assez grande pour recréer un autre monde, savent que son effort dans ce sens-là n'est pas perdu. Je parle de l'effort qui avait un but visible. Car, pour l'autre, il est immortel.

En sauvant, au 18 Brumaire, la Révolution qui semblait perdue non pas seulement dans les faits mais plus encore dans les cœurs, il substitua à des certitudes ardentes, mais obscures, dans les directions et les buts, une volonté éclairée et continue dans les moyens. Et alors qu'avant lui ces moyens paraissaient impulsifs et fragmentaires, chez lui ce sont les buts qui semblèrent le devenir. En cela, il était d'accord avec l'ordre indifférent du monde, dont les moyens sont rigoureux et les buts incertains, parce qu'il est conscient du mécanisme destiné à maintenir la vie, mais qu'il ne sait où elle va.

« *La Révolution, c'est moi.* » Sans doute, mais qu'est-ce que la Révolution ? Quelles que fussent ses fins, c'était à ce moment l'esprit de vie, ce qui, sous le couvert des prétextes moraux ou politiques que les hommes exigent pour changer le rythme de leur pas, préférait l'inconnu redoutable à la stagnation mortelle, la marche dans l'orage au repos dans la maison. Qu'il s'emparât de cet esprit, c'est ce qui fit sa force alors. C'est ce qui l'ennoblit pour jamais. Quels que soient les prétextes de l'impérialisme guerrier, s'il va dans le sens du siècle il est juste. Le sien portait et promenait, et malgré tout, sous la mitraille et la neige, même quand il broyait les peuples en même temps que les vieux cadres où on voulait les maintenir, la jeune espérance des hommes, une illusion peut-être encore, mais par cela même une force, et celle justement du siècle en avant duquel il marchait. « *Je serai le Brutus des rois et le César de la République.* » C'était lui, les peuples le sentaient, qui traînait dans les caissons de ses batteries bondissantes, l'idole de la Liberté. C'était lui le conducteur de la symphonie gigantesque qu'ils ne réaliseront pas, peut-être, mais dont l'espoir est nécessaire à leur courage, comme leur enthousiasme ou leur révolte étaient nécessaires à sa foi. Un fait nouveau se produisait dans l'histoire du monde. Il ne s'agissait plus de luttes de partis comme à Athènes, de luttes de classes comme à Rome, de luttes entre les dynasties, les féodaux, l'Église comme au cours des siècles chrétiens, mais plutôt, comme au temps des Croisades, d'une crise fatale d'idéalisme collectif qui, pour la première fois du vivant d'un homme, s'incarnait dans un homme digne de l'imposer à tous.

Qu'on ne me parle pas de comédie. Il grave la Loi sur des tables, pour qu'elle dure après lui. Qu'on ne me parle pas d'une nécessité plus forte que lui-même qu'il n'accepte qu'à contre-cœur. Son cœur d'homme y bat, et l'anime : *« La démocratie peut être furieuse, mais elle a des entrailles, on l'émeut. Pour l'aristocratie, elle demeure toujours froide et ne pardonne jamais. »* Qu'on ne me parle pas des années où il parut subordonner à sa destinée personnelle les idées qui l'avaient porté à l'empire et que l'empire cachait comme un fourreau cache une lame. Les peuples lointains ne s'y trompaient pas, et si les peuples opprimés jetaient des cris de haine et de révolte, c'est que l'enfant ne peut naître sans qu'il y ait du sang qui coule et des muscles déchirés. Parce qu'en 1809 les peuples n'apercevaient plus, dans le rayonnement de sa puissance personnelle, l'idée qu'il incarnait toujours pour les rois, il était, même alors, comme en 1796, comme en 1814, le soldat de la Liberté. Et peut-être le seul soldat qu'ait jamais eu la Liberté, parce qu'il ne se contenta pas de la défendre dans les mots et les formules et les institutions passives, mais en fit une force active, cohérente, organisée, impérieuse ainsi que la vie et résolue à s'imposer, comme tremplin et ressort du monde moderne, même à ceux qui n'en voudraient pas.

X

LA MISSION

X

LA MISSION

I

Son erreur apparente est d'avoir, pour réaliser l'égalité
civile et imposer aux peuples le besoin et le goût de la
liberté politique, forgé une armature si rigide qu'elle
faussait sur plusieurs points l'égalité qui lui servait de
base et, laissant subsister la liberté dans la loi, en étouffait
l'essor vivant. C'était nécessaire, sans doute, pour en faire
entrer le principe même dans l'habitude de raisonner
et de vouloir des sociétés occidentales et en incorporer
immédiatement le minimum réalisable dans l'organisme
à créer. « *Je ne hais point la liberté*, dit-il au cours de cet
entretien admirable qu'il eut avec Benjamin Constant...
*Je ne hais point la liberté. Je l'ai écartée lorsqu'elle obstruait
ma route ; mais je la comprends, j'ai été nourri de ses pen-
sées.* » * Sans lui, rien peut-être de l'œuvre de la Législa-
tive et de la Convention n'eût survécu à l'anarchie direc-
toriale, et ceux qui le maudissent d'avoir arraché le pouvoir aux idéologues d'assemblée pour souder puissamment,
dans la réalité sociale, les lambeaux d'institutions et de

lois qu'ils se disputaient comme des chiens fouillant un paquet d'entrailles, eussent maudit ces idéologues eux-mêmes d'avoir rendu fatal le retour d'un ancien régime infiniment plus libre alors qu'il ne le fut quinze ans plus tard, grâce à la lassitude et au dégoût des esprits, d'opposer son ordre rétrograde aux désordres sanglants où la Révolution sombrait. C'est le propre des créateurs de fondre en bloc compact, à leur flamme passionnelle, les besoins épars jusqu'à eux, et de provoquer la fureur intéressée de ceux qui exploitent ces besoins en parasites ou proposent de revenir, faute de pouvoir les satisfaire, à des formes d'art qui les nient. A propos de Napoléon, comme de Rembrandt ou de Delacroix, personne n'y a manqué.

Il avait à choisir. Voilà le fait. Et il en eut la force. Il substitua sans hésiter aux despotismes intéressés et locaux qui énervaient et morcelaient son peuple, une dictature centrale et désintéressée qui l'unifia. Loin de tuer l'ordre légal, il rétablit le règne de la loi, sévère évidemment, mais impartiale. Si d'autre part on lui tient compte que, dans la discussion du Code, l'ancien terroriste Cambacérès le jugeait trop attaché aux principes libéraux, il est vrai que ses institutions semblèrent trop roides, ses règlements trop militarisés, sa loi trop dure pour la femme et pour qui ne possédait pas. Mais il avait à forger un chaînon nécessaire, à fonder sur des bases que les idées du XVIIIe siècle eussent pu déclarer à peu près définitives, la puissance du Tiers-État... Et le Tiers-État allait entreprendre l'enquête positive la plus universelle et la plus poussée de l'Histoire, la conquête économique la plus riche en virtualités, la définition de l'individu la plus décisive en vue de fins toutes prêtes, parce que nous ne les voyons plus, à devenir mystiques de nos jours. D'autres désirs étant venus, nous nous refusons à comprendre ceux qu'il représentait alors. Nous ne nous rendons même pas compte que, peut-être, il prévit ce que nous voyons et eut l'énergie, que nous n'avons pas, de faire entrer dans un système trop rigide pour durer, mais nécessaire pour créer, toute la partie réaliste et féconde des principes qu'il accepta de maintenir et d'étendre, par des moyens forts, à coup sûr, mais harmonieux dans leur continuité, leur unité et leur logique, pour peu qu'on les compare aux actes convulsifs de la Terreur. « *Il y a en France, disait-il, trop d'influence centrale ; je voudrais moins de force à Paris et plus dans chaque localité.* » Son ordre fut sur pied en quelques mois. C'était une œuvre, et formidable, qu'il eut à maintenir quinze ans contre tous les assauts. Ni l'Europe, ni la France ne lui consentirent le crédit d'en imaginer une autre.

La clé de son poème politique, je la trouve dans les trois mois où ramené d'exil par un de ces miracles qu'on ne voit que chez le peuple qui ne croit pas au miracle, approfondi par le malheur, abandonné de la plupart des siens, tous ses princes en fuite ou digérant dans leurs châteaux, seul avec le peuple de France, il eut assez de magnanimité pour contraindre son orgueil à s'abaisser devant les circonstances, à appeler auprès de lui, sans une récrimination, sans un reproche, exposant ses vues, appréciant ses actes devant eux avec une simplicité majestueuse, sur un ton un peu las et désenchanté, familier, noble, et pénétré de l'assurance que l'interlocuteur était digne de lui, ceux qui le combattaient ou même l'insultaient la veille. Je ne crois pas qu'il existe, dans l'histoire des hommes forts, rien de plus émouvant que cette confidence mélancolique et grandiose où l'auteur d'*Adolphe* entrevit la réalité de son cœur. Que le monde entier, ce soir-là, n'ait pas été là pour l'entendre, c'est à désespérer de Dieu. Eût-il su l'entendre, d'ailleurs ? Eût-il pu le croire, quand il parlait de paix, de liberté ? Quand le réalisme d'un grand homme qui ne partage pas les illusions immédiates de l'idéalisme banal se déclare prêt à tenter l'expérience de ses moyens, on crie haro sur le grand homme. « *Ils n'ont pu imaginer*, a-t-il dit plus tard, *qu'un homme eût l'âme assez forte pour changer son caractère ou se plier à des circonstances obligées.* »

Eurent-ils tort ? Qu'en saurons nous jamais ? Ne se trompait-il pas sur lui-même ? Quel drame !... « Je supprimerai de mes gestes tout ce qui n'est pas dans l'esprit de l'avenir que je désire comme vous. Pourquoi ne me croyez-vous pas ? J'ai souffert. Je suis sincère... Je veux ce que vous voulez. La guerre ? C'est la dernière, je le jure. Laissez-moi vaincre. Encore une fois, rien qu'une fois. Je préparerai après, dans d'autres domaines, des harmonies que vous n'attendez pas. » — « Non. Nous vous connaissons. Vous êtes la guerre. Vous n'êtes bon que pour ce sujet-là. On ne se renouvelle pas. La liberté, la paix ne sont pas faites pour vous. » O douleur ! « Je suis un poète. Je suis la résurrection et la vie. Vous jugez de mon avenir par mon passé, par votre avenir propre qui ne peut être, parce que vous êtes vous, qu'identique à votre passé. Mon avenir, à moi, est une force irrésistible qui monte sans arrêt des profondeurs de mon mystère et peut créer des formes neuves que ni vous ni moi ne soupçonnons... » Ce n'est pas parce qu'il fut vaincu qu'on consentit à son martyre. C'est parce qu'on ne le croyait plus.

Encore un coup, avait-on tort ? C'est précisément la profondeur de son mystère qui condamne le grand homme à être pour lui et les autres une si perpétuelle énigme, que s'il garde, lui, l'héroïsme d'en explorer les abîmes, les autres reculent et se dérobent dès qu'ils n'y sont pas obligés. Pauvres gens, à qui l'effort coûte, et qui parlent, quand vient le poète, du sang que ses chimères ont coûté. A eux ? Non point. A l'innombrable innocence des foules toujours prêtes, parce que ce même mystère les habite, à suivre encore celui qui dit pouvoir l'illuminer.

2

Je ne sais plus qui nous raconte qu'un jour, à Montmorency, le premier consul s'arrêta devant la tombe de Rousseau et dit, comme se parlant à lui-même : « *Il eût mieux valu, pour le repos de la France, que cet homme n'eût jamais existé. — Et* pourquoi, citoyen consul ? *— C'est lui qui a préparé la Révolution française. —* Je croyais que ce n'était pas à vous à vous plaindre de la Révolution. *— Eh bien ! l'avenir apprendra s'il ne valait pas mieux, pour le repos de la terre, que Rousseau ni moi n'eussions jamais existé.* » Voilà le second regard sur l'abîme, l'inquiétude et le doute sur l'utilité de sa mission, l' « à quoi bon » de celui qui crée à chaque pas du drame, simplement parce qu'il est lui, et qui se demande si, après tout, malgré l'énergie qu'il met à construire, malgré les idées droites et simples qui déterminent son choix, malgré la foi en l'éternité de son œuvre qui semble nécessaire pour qu'il la mène à bien avec tant de rectitude, ce n'est pas à un jeu terrible, et, en fin de compte inutile, qu'il se livre ingénûment. On a dit de Napoléon que l'esprit jacobin l'anime, qu'il est une sorte de « Robespierre à cheval ». Et je crois bien que, là encore, on s'est trompé. Un Jacobin n'eût jamais dit que « *le système de gouvernement doit être adapté au génie de la nation et aux circonstances du moment.* »

L'œuvre du Jacobin serait partout identique, en Chine, en Arabie, en France, en Afrique, en Allemagne, aux Indes, en Amérique, en Angleterre. Il invente un monde fondé sur une idée *a priori* de l'homme, et dont l'homme abstrait, partout présent, détermine tous les aspects. Le créateur n'invente rien. Il prend les matériaux qui s'offrent, et les choisit et les combine selon son imagination. Je ne crois pas que celui-là, s'il eût réalisé son premier rêve de conquérir l'Orient, eût organisé l'Orient comme il organisa la France. Mais il comprit qu'il ne pouvait organiser la France que selon la Révolution, et pour cela tendit tous les ressorts sans lesquels il n'eût pu le faire. Le scepticisme supérieur qui anime tous les artistes l'avertissait certainement que, lui mort, son système perdrait sa plus éminente vertu. Raison de plus pour en accuser tous les angles, en établir la masse, en accroître le poids. Il le lança dans l'avenir avec la force et la grandeur de vues qui le caractérisaient. Et peut-être eût-il duré dix siècles sans l'immense afflux de moyens et de besoins neufs dont les cent ans qui le suivirent inondèrent notre esprit. Mais cela, prenez-y garde, parce qu'il était Napoléon. Michel-Ange règne encore, opprime encore, corrompt encore, parce qu'il est Michel-Ange. Le propre du grand homme est de créer des formes oppressives en détruisant les formes oppressives qui existaient avant lui.

Il n'aime pas la tyrannie. Et partout où il la rencontre, il la brise. Mais sa propre tyrannie l'enivre, parce qu'une vertu créatrice incomparable naît des décisions qu'elle prend. « *Dans tous les temps*, dit-il, *la première loi de l'État a été sa sûreté, le gage de sa sûreté sa force, et la borne de sa force celle de l'intelligence qui en a été le dépositaire.* » Voilà. Lui vivant, c'est dans le sens où il l'engage que la Révolution vivra. Parce qu'il n'en voit pas d'autre. Parce qu'il n'y en a pas d'autre. Parce que lui seul fut assez fort pour la saisir quand elle allait sombrer, la ramener sur la rive et l'y soutenir d'une main puissante en la serrant au collet. Mais prenez garde. Il ne se fait pas illusion. « *Savez-vous*, dit-il encore, *ce que j'admire le plus dans le monde ? C'est l'impuissance de la force pour organiser quelque chose... La France ne tolérera jamais le gouvernement du sabre. Ceux qui le croient se trompent étrangement. Il faudrait cinquante ans d'abjection pour qu'il en fût ainsi. La France est un trop noble pays, trop intelligent pour se soumettre à la puissance matérielle et pour inaugurer chez elle le culte de la force... A la longue, le sabre est toujours battu par l'esprit.* » *

Est-ce un retour ? Est-ce un remords ? Pour moi, je ne

le crois guère. C'est ainsi que l'artiste parle quand on lui dit que la forme qu'il crée pourrait servir de départ aux formes de l'avenir. Quel avenir d'ailleurs ? Que pèse un siècle, et dix ? Et cent ? Il y a deux fois moins de temps entre Jésus et nous qu'entre le Sphinx et Jésus, et l'esprit de Jésus s'efface. Une immense mélancolie fait le fond des grandes âmes et leur ivresse immense n'est qu'une conquête incessante de leur volonté sur la clairvoyance intime qui fixe des bornes à leur puissance, quand bien même ils planteraient ces bornes très au delà de leur mort. Pourquoi tant de bruit ? Pourquoi tant de sang ? Et pourquoi tant d'activité ?... « *Il eût mieux valu, pour le repos de la terre, que Rousseau ni moi n'eussions jamais existé.* » Mais voilà, le repos, n'est-ce pas la mort de la terre ? Rousseau, Napoléon, après Moïse, après Jésus, n'ont-ils pas une mission qui les dépasse et qui précisément est de troubler ce repos ? D'empêcher l'enlisement des cœurs dans le marécage endormi ? Par tous les moyens que Dieu leur donne, l'indignation, l'amour, le paradoxe, la guerre ? Et la mélancolie des grandes âmes ne vient-elle pas de ce qu'elles sentent que l'indignation comme le paradoxe, et l'amour comme la guerre, ne sont que des moyens égaux devant l'éternité, pour procurer au monde une illusion qu'elles ne partagent pas ? La grandeur, au fond, n'est peut-être qu'un contraste sublime entre le pessimisme radical d'un homme qui subit cette grandeur comme une fatalité de sa nature, et son espérance invincible de déterminer l'avenir.

3

Ses doutes vaincus, son choix fait, l'égalité civile, le développement progressif de la liberté politique qu'elle entraîne, la liberté religieuse à précipiter toutes dans les ornières granitiques d'institutions destinées à modeler l'Histoire selon la Révolution, il ne s'agit plus de discuter leur opportunité, leurs moyens et leur forme. L'attitude du réalisateur vis-à-vis des partis politiques ne peut différer de celle qu'il adopte vis-à-vis des religions, — et d'ailleurs qu'est-ce qu'un parti, sinon une religion qui se décompose ou se forme, ou avorte ?... « *Il faut administrer pour les masses, dit-il, sans s'embarrasser si cela plaît à Monsieur un tel ou au citoyen un tel... Les hommes supérieurs voient d'en haut, et dès lors au-dessus des partis.* » *

Ne croirait-on pas entendre un peintre, dont on critique le tableau en s'emparant de ses détails, celui-ci le trouvant trop éteint, celui-là pauvre en demi-teintes, cet autre dépourvu de sentiment, cet autre d'un dessin trop tendu, cet autre mal composé, cet autre d'une matière trop mince, ou trop épaisse, lui seul, qui l'a conçu, le voyant dans son ensemble, avec ses trous et ses faiblesses, certes, mais harmonieux tout de même, logiquement construit, répondant somme toute à la fonction moyenne que le moment, les besoins du moment, l'esprit du moment en attendent ? Lui seul le jugeant librement — bien qu'ayant été contraint par son génie même de le concevoir tel qu'il est, — non au travers de ses intérêts, de ses passions, de ses affections, de ses rancunes personnelles, mais avec

l'intelligence constructive de qui sait embrasser le problème le plus complexe par tous ses aspects à la fois, comme
un objet à tirer d'une gangue épaisse, à dégrossir, à modeler, à faire tourner dans la lumière afin qu'il puisse devenir
un centre visible de tous, sensible pour tous, où tous
puissent trouver le départ et l'arrivée de leur action,
dût-il, lui seul, passer à ce travail ses jours et ses veilles,
y sacrifier son repos, sa sécurité, son bonheur et en fin
de compte sa vie. Je sais aussi des hommes de parti qui
sacrifient ces biens d'un cœur allègre, mais c'est un sentiment confus qui les anime, un sentiment d'esclave, étroit,
unilatéral, fanatique, négatif avant tout, plein de haine
aveugle, incapable d'exprimer par l'édification d'un bâtiment qu'il a quelque chose à bâtir, acharné à démontrer
par des mots qu'il a raison dans l'espace et pour jamais :
« *L'homme le moins libre est l'homme de parti.* »

Il y a plusieurs façons d'être en dehors des partis, au-
dessous ou au-dessus. La première est celle des chefs
d'État de la plupart des démocraties modernes. Elle consiste à suivre le parti au pouvoir, leurs droits — c'est-à-
dire leurs facultés, — ne leur laissant pas une seconde
alternative. L'autre est infiniment plus rare, mais plus
différenciée aussi, parce qu'elle suppose, chez celui qui
la possède, une personnalité grandiose. Il y a celle de
Louis XI, vivant en un temps de passions sauvages,
entre des organismes si violents que l'assassinat, le vol
d'une province, le mépris des traités sont choses courantes,
et avouées, et qui consiste à jouer de ces passions pour
opposer les uns aux autres ces organismes, comme on
déplace des pions sur un échiquier, sans qu'il soit ques-

tion de conscience, en vue d'une fin réaliste à atteindre par n'importe quel chemin. Il y a celle de César, avançant avec douceur et fermeté vers son but entre deux partis extrêmes à peu près d'égale puissance, obtenant tantôt de l'un, tantôt de l'autre des concessions ou un appui, les équilibrant l'un par l'autre avec une admirable intelligence de leur nécessité historique et des frontières respectives de leur vertu de création. Il y a celle de Napoléon, arrivant au moment où leur énervement, après leurs excès passionnels, gagne et corrompt une nation entière et, décidé dès lors à les ignorer les supprimant par le fait de cette ignorance, les jetant au moule commun d'un monument commun à élever. C'est, des trois, la plus difficile, en l'espèce tout au moins, Louis XI étant le Roi, César appartenant à la plus grande famille de la ville, et Napoléon, moins de quatre ans avant d'entreprendre cette œuvre, n'étant rien. La moins durable aussi, parce que le maître disparu, les partis ressuscitent, leur appétit et leur férocité accrus du jeûne qui leur a été imposé. La plus féconde, dès qu'une grande tête les domine, capable de peupler leur silence d'harmonies personnelles qu'ils ne peuvent contrarier. En tout cas celle qui exige, de la part d'un homme d'État d'autre part assez fort pour ne point s'appuyer sur la terreur, mais uniquement sur la loi à vrai dire rigoureuse, le plus de justice et de sévérité vis-à-vis de ceux qui le servent, le plus de courage, de vigilance, de continuité dans les desseins. « *Il faut déployer plus de caractère en administration qu'à la guerre.* »

4

En effet. Quand on a entrevu le fond de sa pensée, constaté d'une part le scepticisme intime avec lequel il envisageait sa tâche, d'autre part sa résolution de la réaliser une, cohérente, imposante, — comme un artiste qui sait bien que le temps mangera son œuvre et pourtant préfère la souffrance, la ruine et la mort à la perspective de ne pas l'édifier entière, — on est saisi d'une sorte d'effroi en considérant l'intelligence et l'énergie qu'il lui fallut pour concilier dans une forme unique tant de contradictions et d'intérêts antagonistes. Un monument majestueux à peine renversé, et complètement renversé, tous ses débris épars dans le sang et la poussière, en élever tout seul un autre, aussi solide d'apparences que celui-là où quinze siècles avaient apporté, maçonné, orné chaque pierre, l'Histoire ne fait pas mention d'une tentative aussi hardie. Le Barbare installait sur les décombres des cités un ordre ancien, qu'il apportait de chez lui avec tous ses organes, et substituait par la force matérielle à l'ordre renversé. Ici, rien de pareil. « *On ne répare pas les trônes.* » Il s'agit de souder l'avenir au passé, l'Occident à l'Orient, le Nord au Sud, la démocratie à l'aristocratie, la tradition à la révolution, le droit divin au droit des peuples. Et, qu'on y prenne garde, dans le but à coup sûr immédiatement chimérique, non de ressusciter des morts, ni même de farder des momies, mais de diviniser le droit des peuples, de rendre la révolution traditionnelle, d'ennoblir la démocratie, de durcir le noyau d'unification du globe, et de régénérer les forces mourantes du passé dans les sources de l'avenir. Il fallait lancer sur l'abîme une arche pour unir une rive à l'autre et, suspendu seul au-dessus de lui dans l'orage, cimenter au vol les pierres brutes en repoussant de son poing déchiré l'assaut continu des rapaces.

Au fond, il retrempait le rêve incurable de Rome, ce rêve qui a servi d'épine dorsale à l'Histoire occidentale et l'a soutenue debout, dans les énergies vierges d'une mystique nouvelle dont il aperçut tout de suite, avec une profondeur d'intuition décisive, l'ossature positive et possible à réaliser. C'est l'Œuvre et la Passion latines qu'il reprenait à l'occasion d'un événement inouï. Il prétendait substituer à l'organisme puissant mais diffus de la monarchie germanique qui tombait en ruines et qu'Henri IV, Richelieu, Colbert avaient tenté de recrépir, la forte unité latine d'un organisme embryonnaire que le XVIII⁰ siècle exigeait et auquel il infligea une forme trop définie mais sans doute nécessaire aux conquérants du pouvoir politique pour accomplir, dans l'aménagement matériel de la terre, leur mission. Latin, il pensait en Latin, c'est-à-dire en architecte. Et il ne pouvait trouver qu'en France le terrain, les matériaux et les ouvriers de son travail.

La France n'a jamais eu, dans l'Histoire, d'autre fonction que celle-là. Il s'est toujours agi pour elle d'équilibrer, dans une forme personnelle, le génie des races méditerranéennes et le génie des races germaniques. Ce n'est pas sa faute si sa situation géographique en fait le carrefour des peuples de l'Occident. Ce n'est pas sa faute si les tribus allemandes traînant derrière elles les hordes de la grande steppe qui va de la Vistule à l'Amour, ne cessent, depuis les commencements de l'Histoire, de menacer ou de passer le Rhin pour incendier les villes et faucher les moissons au rythme des hymnes de guerre. Ce n'est pas sa faute si ses côtes occidentales bordent la route des Scandinaves descendant vers les mers du Sud et s'aperçoivent, comme une proie qui s'offre, des hautes falaises bretonnes où les pirates de la mer, qui portent dans le cœur la poésie des flots et des étoiles, guettent le passage des barques de pêche et des navires de combat. Ce n'est pas sa faute si les couloirs des Pyrénées déversent de temps immémorial sur ses plaines les Numides, les Carthaginois, les Ibères, les Arabes en quête d'oasis à découvrir, de troupeaux à prendre, de minarets à élever au-dessus des eaux et des palmes. Ce n'est pas sa faute si ses côtes méridionales voient émerger constamment des sources du soleil les voiles bleues, rouges, vertes, oranges sous qui les marins phéniciens ou grecs observent, pour le rapt violent ou l'échange contre des tapis rutilants, des verreries, des figurines, les jeunes filles groupées autour des lavoirs. Ce n'est pas sa faute si les hautes gorges des Alpes laissent passer dans le flux des légions descendant vers les forêts gauloises ou le reflux des régiments descendant vers les cités lombardes, les manuscrits, les peintures, les statues, la vaisselle d'or ou d'argent. Et c'est sa gloire, dans le drame enchevêtré de la résistance par le fer aux invasions militaires, de la résistance par l'esprit aux invasions morales, des défaites fécondes et des victoires mutilées, de retrouver sans cesse, dans l'ordre qui lui est propre et que son sang et ses larmes cimentent, cette mesure intellectuelle qui accueille ces rumeurs, ces souffles, ces orages confrontés, pour les organiser harmoniquement dans sa tête.

Cette tragédie presque continue est sa raison d'être, la condition probablement necessaire de sa force de création. C'est par elle qu'elle conquiert cet équilibre spirituel qui entretient son goût de vivre et qu'elle semble perdre dès que s'apaise le conflit. Tiraillée sans répit entre l'influence du Nord, l'influence romantique, musicale, panthéiste des foules mystiques qu'organise le féodalisme germain, et l'influence du Midi, l'influence rationaliste, architecturale, individualiste des Cités républicaines que l'aristocratie latine hiérarchise et définit, elle ne cesse pas d'en subir l'antagonisme dans ses institutions politiques et d'en réaliser l'accord dans son art où domine toujours, d'ailleurs, l'un des deux courants qui le forment.

L'esprit méditerranéen charpente la Commune et la Cathédrale, mais telle est alors la richesse de la floraison qu'ont préparée les invasions germaniques stabilisées par les Francs, que la grande rumeur confuse des métiers, des forêts, des hymnes noie sous son lyrisme anonyme les lignes du monument. Rompu au XVe, au XVIe siècles, par les descentes répétées en Italie et les retours victorieux de l'Italie dans l'imagination des soldats et les produits de leurs rapines, l'équilibre se refait avec l'âge classique au cours duquel ni l'angoisse de Pascal, ni l'harmonie de Racine, ni l'analyse de Descartes, ni la morale de Corneille ne parviennent à dissimuler le souci dominant chez Corneille, chez Descartes, chez Racine, chez Pascal, de subordonner le génie sensuel des races du nord de l'Europe aux cadences régulières et symétriques du Midi. La nouvelle rupture infligée au rythme classique par le siècle qui le suit et qui paraît en son effort paradoxal, avec Watteau, avec Diderot, avec Rousseau, avec Montesquieu chercher, dans l'esprit germanique même, les armes qu'elle oppose au féodalisme germain, aboutit, avec la Révolution, au renversement de la monarchie qui le représente, avec Napoléon à la tentative de substituer à la dynastie franque une dynastie latine, gardienne de l'ordre unitaire et légalitaire contre l'ordre théologique et féodal. Quelle que soit, par le siècle de l'analyse, de l'Encyclopédie, de la peinture symphonique retrouvée chez les Flamands, l'importance de l'apport nouveau, dans l'âme celte, de l'esprit descendu des rivières, des mers, des forêts brumeuses, quelle que soit sa persistance dans le romantisme qui suivra, Napoléon inflige pour un siècle à la France l'obligation de faire appel à l'architecture latine pour le bâtir solidement. Les gens de Rome ne s'y trompaient pas quand ils se consolaient par ces propos de l'humiliation permanente que leur infligeait son orgueil : « Après tout, c'est une famille italienne que nous imposons aux barbares pour les gouverner... »

De là, surtout, le caractère énigmatique de cet étrange esprit, placé entre deux âges, entre deux mondes, et cherchant à organiser, par la seule vertu d'une volonté fatale comme une naissance, les viscères de l'un d'eux autour du squelette de l'autre. De là l'enthousiasme trop confus, la haine trop définie qui accueillent son souvenir chaque fois qu'il est évoqué. Ce héros est un homme, personne ne se résigne à cela. Cet athée est un mystique, personne ne concilie cela. Ce poète est un logicien, personne n'admet cela. Ce soldat est un juriste, personne ne permet cela. Ce démocrate est un aristocrate, personne ne comprend cela. Cela d'abord et par dessus tout. Les médiocres aristocrates de la pensée ne peuvent lui pardonner d'avoir pensé en démocrate. Les médiocres démocrates de l'action ne peuvent lui pardonner d'avoir agi en aristocrate. Sa présence humilie les trônes, parce qu'il a montré l'origine des trônes en s'asseyant sur le plus haut d'entre eux. Et si, par là, elle grandit les peuples, elle humilie tous les bergers improvisés des peuples en obligeant leur faiblesse à se masquer de vertu feinte. Nul ne peut expliquer son acte, parce qu'il est le seul homme qui ait osé l'accomplir. Toujours, en toute circonstance, il oblige les hommes à lui laisser la parole pour leur livrer, dans le geste ou le mot, décisifs comme un chef-d'œuvre, toutes les antinomies de son destin miraculeux : « *Je suis soldat, enfant de la Révolution, sorti du sein du peuple. Je ne souffrirai pas qu'on m'insulte comme un Roi.* »

XI

L'APOSTOLAT

XI

L'APOSTOLAT

I

Ce Romain, qui dispute aux Barbares la Gaule, parce qu'il sait bien que la Gaule est le nœud des destinées de l'Occident, est hanté par le désir de faire régner sur l'Occident la paix romaine, celle que les Légions partout établies imposent en éteignant les querelles locales, en écrivant la Loi et en protégeant le travail. Rêve immense, peut-être plus irréalisable que la paix sentimentale du consentement unanime, le consentement unanime conditionnant une passion idéaliste fanatique, laquelle engendre la guerre dès que l'unanimité fléchit. Mais qui suppose une vertu se maintenant intacte durant la vie séculaire du peuple qui veut l'imposer. En tout cas, l'un des pôles de l'axe moral autour de qui tournent les sociétés humaines, la force intelligente et la douceur mystique prétendant l'une et l'autre viser à leur équilibre et provoquant périodiquement, par leurs réactions l'une sur l'autre, la guerre, la révolution, le drame continu et fécond qui permet à l'homme de rompre l'immobilité et de faire reculer la mort. Encore un caractère d'essentielle et intransigeante passion qui fait de Napoléon la fraternelle antithèse du Christ.

Ce qui hante celui-là, de son aveu, c'est la « *régénération européenne* ». « *Il faut*, dit-il, *sauver les peuples malgré eux.* » Il veut la paix universelle, la suppression de toutes les frontières, ce que ne veulent pas, ce que ne conçoivent même pas ses ennemis qui allument partout des foyers sporadiques qu'il voudrait éteindre à jamais. Et pour que la paix se répande, il veut que les peuples soient heureux, gouvernés selon les idées et les besoins modernes, aimant les institutions qu'ils se donnent, ou qu'il leur donne, convaincu que son rôle est de les leur donner et qu'ils les attendent de lui. Il a des illusions étranges. Il croit que tous les Espagnols seront pour lui s'il leur apporte l'égalité, qui leur indiffère. Il croit que les Allemands l'accueilleront comme un sauveur s'il brise le féodalisme, qui leur est cher. Bien mieux, il croit que s'il parvient à prendre Londres et à y proclamer la République, l'abolition de la Chambre des pairs, la souveraineté du peuple et les Droits de l'Homme, l'Angleterre s'inclinera. Les peuples sont avec lui. Il le sent, il le sait, il l'affirme avec une insistance passionnée, presque douloureuse parfois, qui pareille aux commandements d'un Démiurge, semble ordonner à l'Histoire de marcher dans ses chemins *. « *Je voulais préparer la fusion des grands intérêts européens, ainsi que j'avais opéré celle des partis au milieu de nous... Je m'inquiétais peu des murmures passagers des peuples, bien sûr que le résultat devait me les ramener infailliblement... L'Europe n'eût bientôt fait de la sorte véritablement qu'un même* *peuple, et chacun, en voyageant partout, se fût trouvé toujours dans la patrie commune... Cette agglomération arrivera tôt ou tard par la force des choses ; l'impulsion est donnée, et je ne pense pas qu'après ma chute et la disparition de mon système, il y ait en Europe d'autre grand équilibre possible que l'agglomération et la confédération des grands peuples.* » *

Vous croyez encore que c'est là l'illusion jacobine, après l'illusion catholique, avant l'illusion socialiste ? Prenez garde cependant que chacune de ces illusions a laissé, laisse ou laissera des alluvions solides derrière le torrent qui l'emporte. Prenez garde aussi qu'il parle d' « intérêts », bien plus que de « principes » ou de « droits ». Prenez garde en outre qu'il ait connaître seulement « *deux peuples, les Orientaux et les Occidentaux* », ce qui suppose, son attitude au Caire et à Paris le montre, l'antagonisme de sa pensée pratique avec la pensée théorique du jacobinisme intégral. Celle-ci procède abstraitement, entourant d'idées comme d'un rempart les faits qu'elle dédaigne, niant, sous quelque latitude que ce soit, l'existence et la nécessité du fait religion, ou monarchie, tandis que Napoléon part du fait et procède de proche en proche, espérant certes unifier l'Occident, mais sachant bien qu'au delà une autre mystique règne, dont son ami Alexandre est à l'avant-garde et qui forme l'autre élément de l'équilibre gigantesque qu'il songe à imposer à l'univers. Prenez garde qu'il se rend compte des caractères ethniques qui différencient les groupements humains, puisqu'il veut faire de « *CHACUN DE CES PEUPLES un seul et même corps de nation.* » Prenez garde enfin que partout où il passe, même quand il méconnaît la passion propre qui définit chaque peuple où son passage laisse des sillons sanglants, l'Espagne, l'Italie, l'Allemagne, la Pologne, la Russie même, il éveille une passion plus générale qui brise ici l'Inquisition, prépare là la disparition du servage, suscite ailleurs le sentiment et le désir d'une unité politique future, dangereuse certes pour sa France, éternelle martyre des idées fécondes qu'elle sème, mais indispensable à la constitution organique, qu'il rêve, de l'Occident. Son action, comme une eau où tombe une pierre, s'étend en cercles concentriques. Comme tous les gestes puissants, les siens dépassent leur but, tout au moins leurs buts visibles. L'expédition d'Égypte éveille l'Afrique et l'Orient. Quand il jette les Bragance à la mer, la lame qui en naît va battre l'Amérique. Jusqu'en 1808, l'univers entier le regarde comme l'annonciateur armé des temps nouveaux ouverts par la Révolution. Remarquez qu'il le sait fort bien : « *Je fais l'essai de mes forces contre l'Europe*, écrit-il un jour à Fiévée, *vous essayez les vôtres contre l'esprit de la Révolution. Votre ambition est plus grande que la mienne et j'ai plus de chances de succès que vous.* »

2

Son moyen est la guerre, soit. Mais est-on sûr que, dans sa situation, il en soit d'autres ? Il l'aime, soit, parce qu'il est doué pour elle comme jamais homme ne le fut. Mais est-on sûr qu'il n'ait pas eu presque toujours la force de l'arrêter à l'heure où il devine qu'elle a produit tout son effet ? Et ne la condamne-t-il pas dans son principe, comme ces artistes supérieurs qui se savent au-dessus de leur moyen et qui voient, dans ce moyen, leur suprême servitude, aigles ivres des espaces déserts où ils se bercent sur leurs ailes et forcés de descendre en tournoyant sur terre pour nourrir leur vol ? « *La guerre est un anachronisme... Les victoires s'accompliront un jour sans canons et sans baïonnettes... Celui qui veut troubler la paix de l'Europe veut la guerre civile...* » Ce sont ses ennemis qui veulent la guerre, et non lui. Il le croit du moins, et comme une passion plus haute que la leur, qui exige aussi la guerre, le soulève au-dessus de leurs vues étroites et de leurs petits intérêts, il les prévient et déchaîne la guerre pour ne pas être surpris. Il les prévient en commençant la guerre, comme, dans la guerre même, il les prévient en ouvrant le combat.

C'est ainsi que cela se passe presque toujours, pour ses deux guerres avec l'Autriche, pour sa guerre avec la Prusse, pour sa première et peut-être même sa seconde guerre avec la Russie. Quand il soupçonne que l'adversaire se ramasse, bande ses muscles, aiguise ses griffes et ses dents, il bondit, le prend à la gorge. Il attaque, sans se demander s'il peut éviter son attaque, se modérer, temporiser, consentir à des concessions, toutes mesures qui feraient plier son système et d'ailleurs blessent son orgueil. Il poursuit l'Illusion avec une candeur terrible, comme le poète ou le juste semant autour d'eux la mort, précisément parce qu'ils n'aperçoivent pas les embûches de la route et que leurs yeux sont fixés sur l'harmonie des nombres et des lignes ou le bonheur du genre humain. « *Il faut que cette guerre soit la dernière* », dit-il en 1806. Et c'est lui seul qui, à Campo-Formio, à Amiens, à Presbourg, dans l'anarchie sanglante où se débat depuis quinze ans l'Europe, a la force de décider qu'il faut un arrêt dans le drame et de fournir au drame, par son intelligence et son énergie à le résoudre, le moyen de s'arrêter. Il est le seul pour qui la guerre soit une œuvre monumentale, envisagée dans son ensemble, et qui ne consiste pas à gagner une bataille, mais à développer un vaste poème politique, avec ses enchaînements complexes et ses échos universels, prenant source dans son cœur même et qu'il poursuit et parachève dans un enivrement continu d'imagination créatrice où naissent des réalités nouvelles et des rêves nouveaux.

Au fond, il n'y a eu que deux guerres, de 92 à 1815. La guerre de défense de la Révolution qui lui permit, dans une tension atroce de ses nerfs à vif, de ses muscles déchirés, de ses os cassés par place, d'affirmer contre l'Europe et elle-même les réalités politiques et morales que sa naissance dramatique justifie et que la paix d'Amiens, en la reconnaissant, termine. La guerre d'expansion de la Révolution qui la pousse à 'pandre, en portant la terreur du dedans au dehors, ces réalités sur l'Europe, et que Bonaparte inaugure en 96, au cours même de la période défensive, pour la poursuivre jusqu'au jour où elle aura épuisé toutes ses conséquences logiques, atteint Rome, Madrid, Vienne, Berlin, Moscou, et mourra de ses excès dans son dernier enfantement. Tous les conflits partiels qui s'allument ou s'éteignent au cours de ces deux guerres-là ne sont qu'un épisode de la lutte d'un quart de siècle qui dresse la féodalité continentale contre la démocratie française naissante, et plus spécialement l'oligarchie anglaise contre la concurrence économique que la puissance de la France risque de lui susciter.

Alors que tous ses alliés, frappés tour à tour désarment, ou feignent de désarmer, l'Angleterre entretient et perpétue la guerre qui a pour but catégorique la ruine de la France sur le continent et lui invente un ennemi nouveau dès que le précédent tombe. Lutte grandiose. Il court l'Europe pour l'atteindre, elle se dérobe partout. Comme il ne peut la frapper que sur terre, il la poursuit jusqu'à Moscou, rêvant de s'appuyer sur Moscou pour la poursuivre jusqu'aux Indes. Il lui interdit le continent, lui barre ses rades et ses fleuves, la traque jusqu'aux ports de Portugal et d'Espagne, l'enferme dans la mer comme dans une geôle, décrétant ce jour-là, peut-être, la forme la plus efficace des luttes de l'avenir. Hors de la fournaise où fondent les hommes, elle les regarde mourir. Une pièce d'or pour un soldat, un sac d'or pour un régiment, une tonne d'or pour un peuple. Grande chose, certes, parce qu'une énergie terrible est nécessaire pour cela, qu'il faut se serrer la ceinture, qu'il faut couvrir les mers de croisières vigilantes, braver vingt ans leur formidable ennui, refouler le doute, masquer la défaillance, nier le désespoir. Grande chose parce que celui qu'on veut frapper au cœur est seul sur le bord du rivage, quelques voiles qui fuient devant sa colère, dix chiens dans son dos contre lesquels il se retourne, les mettant d'un regard en fuite, les abattant d'un revers de la main ou les forçant dans leur tanière, recommençant contre leur flot qui monte, le

poignet, les cuisses mordues, secouant son sang dans la
neige et la poussière, tandis que l'insaisissable et seul
ennemi conscient ricane, se sachant hors d'atteinte, surveillant l'anémie croissante du colosse et connaissant que
la mort monte lentement à son cœur. Il côtoie le bord du
gouffre, et court pour ne pas y rouler. « Il croyait que sta-
tionnaire, il tomberait »[1].

Avait-il tort ? Qu'en savons-nous ? Qu'en saurons-
nous ? Le mouvement précipite au delà de lui un
mouvement nouveau qui en détermine un autre. La
latinité n'a pu se borner à vaincre le germanisme en
Provence et en Lombardie, elle a dû broyer dans le
nid l'œuf des invasions futures, passer le Rhin, entrer
dans la forêt profonde. Le germanisme victorieux de la
latinité dans les plaines du Valois a dû, pour en étouffer
les derniers germes, la poursuivre dans les gorges farouches
du Rouergue et de l'Albigeois. Si la révolution ne s'épand
pas sans cesse, elle mourra sur place, comme un feu sans
aliment. Les guerres de Napoléon ? « *Étaient-elles donc
de mon choix ? N'étaient-elles pas toujours dans la nature
et la force des choses, toujours dans cette lutte du passé et de
l'avenir, dans cette coalition constante et permanente de nos
ennemis qui nous plaçaient dans l'obligation d'abattre sous
peine d'être abattus ?* » « Il sentait, dit Emerson, avec tous
les hommes sages, qu'il faut autant d'énergie vitale pour
conserver que pour créer. »

C'est pour cela qu'il est le drame permanent.
Avec la plus vaste matière, et la plus belle, dont homme

1. Bourrienne.

ait jamais disposé, dix peuples à genoux, l'Église serve, d'immenses armées fanatiques qu'il manie avec la sûreté et l'aisance d'un duelliste tenant la plus légère et la plus souple épée au poing, il se sent comme suspendu dans sa propre solitude, vivant anachronisme, bien que nécessaire à son temps, par la force monstrueuse de sa nature, vivante contradiction avec toutes les époques par son mépris des habitudes machinales et des intérêts mesquins, anti-thèse vivante de l'inertie formidable des puissances du passé qui se liguent contre lui. La guerre ne suffit pas, ni la paix, ni la loi, ni l'ordre. La domination matérielle du monde, les moyens de la domination spirituelle sur le monde lui échapperont tout à fait s'il ne plonge de toutes parts dans les préjugés même, les coutumes, les besoins encore insatisfaits du monde, des racines qui vont cher-cher ses couches les plus profondes pour s'y fixer et s'y nourrir. « *Dans l'harmonie que je méditais pour le repos et le bien-être universels, dit-il, s'il fut un défaut dans ma personne et mon élévation, c'était d'avoir surgi tout à coup de la foule. Je sentais mon isolement ; aussi je jetai de tous côtés des ancres de salut au fond de la mer.* » Il veut que les rois soient fonction de la Révolution française. Il mêle ceux qu'il crée aux familles régnantes, qu'il asservit à son sys-tème au risque de le disloquer. Ses guerres ne sont qu'un moyen, face à l'inimitié déterminée des monarchies, de garrotter ces monarchies dans les liens de mariages et d'alliances qui les rendront solidaires de la démocratie occidentale qu'il veut organiser pour la conquête du futur. Son propre mariage autrichien obéit à ce même instinct où l'orgueil, l'intérêt politique, d'immenses vues sur l'avenir du monde s'enchevêtrent. Le plus rare génie, celui qui semble aller droit au but et tout d'une pièce, est fait d'êtres contradictoires qui se déchirent, et, sous le rayonnement de son action et de sa gloire apparaissant fermes et sûrs, ensanglantent ses profondeurs. Le grand homme a toujours plusieurs prétextes à ses actes, et ce sont ces prétextes que les analystes, en les isolant, prennent pour des mobiles exclusifs. Plus tard, lui-même, quand il regarde la route parcourue et veut expliquer ses actes, ne sait pas souvent pourquoi il les a accomplis. En réalité, c'est sa puissance même qui traîne après elle et conditionne ses prétextes, lesquels ne sont proprement que le sujet de l'œuvre d'art *.

3

La guerre, la paix, le blocus, les passions des hommes et des peuples, les siennes propres, il joue de tout cela dans l'unité grandiose d'une force qui s'accroît de sa substance même, et n'envisage les destins du monde qu'en fonction de son destin. La France, sa maîtresse, ne lui a jamais manqué, mais il lui manque souvent, dans le jeu impétueux et large d'une sensualité à qui la France ne suffit pas comme aliment, bien qu'elle soit la plus aimée, la seule aimée, qu'il lui revienne toujours, qu'il compte uniquement sur elle et qu'il ne trouve qu'elle pour le bercer sur son cœur quand il revient sanglant de quelque ardente aventure. Il prend les nations tour à tour, par sa renommée ou la guerre, par le bienfait ou par le châtiment, il les féconde, ou les viole, et les délaisse tour à tour. Et comme il arrive si souvent aux femmes quand un homme les prend, et les féconde, ou les viole ou les délaisse, elles sortent de l'étreinte transfigurées et accrues moralement.

Est-ce son erreur, son crime, s'il a révélé à eux-mêmes les peuples européens ? Misérable raisonnement ! La France a payé, certes, mais c'est son rôle dans l'Histoire. Et il n'est pas le moins noble. L'Europe moderne lui doit, par le terrible missionnaire qu'elle lui a si souvent envoyé, d'avoir commencé à se connaître mieux. L'Angleterre et la France à part, tous les peuples d'Europe, avant lui, manquent d'éducation nationale. Il est à peu près indifférent à chacun d'appartenir à tel ou tel, de passer d'un maître à un autre, de ne pas sentir le même sang circuler dans toute sa chair. Il vient, et quand il est venu, tout change. Non qu'il procède par persuasion, ni par amour. Au contraire, il méconnaît le plus souvent l'âme nationale naissante. Il coupe l'Allemagne en morceaux, qu'il soude dix fois au hasard, sans doute convaincu que le patriotisme est un sentiment de luxe ignoré de ces contrées pauvres et dans tous les cas incapables de résister aux bienfaits politiques qu'il croit leur apporter. Mais c'est précisément ce fractionnement perpétuel qui révèle l'Allemagne à elle-même pour la première fois. Il se heurte violemment à l'esprit religieux de l'Espagne, ce qui vivifie pour la première fois l'unité morale de l'Espagne dans l'âme des Espagnols. Et comme il est celui dont l'épée, pour la première fois, touche le cœur de la Russie, il réveille les battements torpides de ce cœur qui s'ignorait. Pour la première fois depuis la chute de Rome, l'Italie, grâce à lui, soude ses tronçons.

C'est par lui, et pour les besoins de la future Histoire, que l'individualité propre révélée par la Renaissance à l'homme, apparaît aux groupements d'hommes. Et de là, en vertu d'un second travail, la part d'individualité morale commune à tous les hommes et à tous les groupements d'hommes qu'il prétendait — trop tôt — leur imposer. « *L'Europe*, disait-il vers la fin de sa vie, *ne formera bientôt plus que deux partis ennemis : on ne s'y divisera plus par peuples et par territoires, mais par couleur et par opinion. Et qui peut dire les crises, la durée, les détails de tant d'orages ? Car l'issue ne saurait être douteuse, les lumières et le siècle ne rétrograderont pas.* » Ici, c'est le disciple des philosophes qui parle. Et il ne s'agit pas pour moi de l'en blâmer, ni de l'en louer. Maudire la Révolution est facile. La supprimer l'est moins. La Révolution est un fait historique dont les conséquences, ou bienfaisantes, ou malfaisantes, ou réconfortantes, ou redoutables, continuent et continueront de se développer. La grandeur de Napoléon, c'est d'avoir compris qu'aux temps où il venait, il ne pouvait, sous peine d'être très vite et pour jamais vaincu, même dans l'esprit de son œuvre, qu'utiliser, diriger, ordonner la Révolution. C'était bien l'avis des monarques et des diplomates rassemblés à Vienne en 1815, et se congratulant d'avoir tranché la tête de l'hydre, — car les malheureux le croyaient. Quand ils apprirent que cet homme avait mis le pied sur le sol de France, une agitation véhémente s'empara d'eux, comme d'une ménagerie à l'approche du dompteur. Et cependant il était seul. Et toute la France et toute l'Europe étaient encore sous les armes. Mais la Révolution, comme Antée, renaissait en touchant sa mère.

4

Cette marque constante de la nécessité historique dans l'action de Napoléon explique ses fautes, et les excuse. Car il n'eût tenu qu'à lui, s'il n'eût pas été lui, de garder ses deux trônes et de mourir aux Tuileries dans un fracas d'apothéose. « *Personne que moi, a-t-il dit, n'est cause de ma chute. J'ai été mon principal ennemi, l'artisan de mes malheurs. J'ai voulu trop embrasser.* » Et en effet, là est la faute qui le perd, mais peut-être sauve le monde. La nouvelle France est trop vaste, désorbitée par la réunion des Pays-Bas et des villes hanséatiques. La Russie est trop loin. L'Espagne trop dure. Et tout cela, songez-y, à la fois. Sa politique est trop ample pour les moyens dont il dispose, une armée qui s'anémie, s'encrasse d'éléments étrangers, se décourage, des pions trop éloignés pour qu'il les aperçoive tous sur l'échiquier géant, des communications trop lentes pour en atteindre en temps utile les recoins. Tout à la fois. Quand il marche sur Vienne, il ne veut pas lâcher l'Espagne. Pas même quand il marche sur Moscou. Il le sent, bien évidemment, mais sa destinée le déborde. Si en 1809, à la cime de sa puissance, Cambacérès lui écrit pour lui souhaiter une bonne année : « *Pour que vous puissiez m'adresser le même vœu encore une trentaine de fois, répond-il, il faut être sage.* »

Depuis quelques mois, depuis l'Espagne en effet, alors que jusque-là pas une seule guerre ne peut être mise à sa charge, on dirait qu'il y a, chez lui, une part de persécution, que sa méthode de prévenir la guerre en la commençant s'énerve, et l'y précipite, que le terrain se dérobe sous lui, qu'il se cramponne à la guerre comme un naufragé à une algue. Il est le serviteur des destins de l'Europe, condamné à leur obéir.

Eût-il pu, du moins, si la fatalité des choses l'entraînait à mener partout ses armées malgré tout émancipatrices, attendre son heure, terminer par exemple la guerre d'Espagne en y portant toute sa pesanteur, puis en finir avec l'Autriche, puis souffler, ramasser sa force, organiser longuement et prudemment ses communications et ses étapes avant d'entrer dans le mystère russe avec l'Espagne, l'Autriche, la Prusse, l'Angleterre dans le dos ? Non sans doute. Il était comme un rocher qui roule dans la neige et s'accroît de pente en pente de la neige ramassée, et que la neige, à la longue, finit par arrêter. Éperdu d'orgueil et de puissance, perdant pied, ne voyant plus distinctement ce qui séparait son action d'une action divine qui semblait, pour se manifester, attendre qu'il se prononçât, il étendait de jour en jour le cercle de sa force, prisonnier d'elle, condamné par elle à l'agir jusqu'à son épuisement. L'immense combat de sa vie s'élargissait sans cesse et sans mesure. Car il était le combat même. Sa fonction était le combat.

Il n'était point le froid calculateur qui pèse chacun de ses gestes et les subordonne à un plan arrêté dans tous ses détails, impersonnel et comme hors des circonstances et du temps. Maître de lui dans le domaine de l'exécution, il ne l'est pas dans celui du sentiment où l'imagination l'emporte et où il prête aux peuples et aux rois des intentions qui le contrarient, l'exaltent, s'associent ou s'opposent à la grandeur de ses desseins. Il pense tout ce qu'il dit, à l'instant où il le dit. Il est, ainsi que la plupart, soumis aux mouvements du cœur qui vont et viennent, comme les pas du promeneur, réagissant différemment selon les objets qu'il croise, sincère, tendre ou effrayant, et que le diplomate et le laquais irritent. Son mot à Metternich : « *Un homme comme moi se fout de la vie d'un million d'hommes,* » autre aspect d'une grande nature planant dans son propre rêve, exaspérée des contingences et des inerties humaines, et voulant « *pour amis cinq cents millions d'hommes* », n'est que la boutade terrible du fauve acculé dans une impasse par des chiens, la clameur de celui qui porte l'avenir d'un monde où les trônes font appel au pharisaïsme humanitaire pour les empêcher de crouler. Ses vues politiques sont grandes, mais ses passions d'homme y entrent sans cesse en flot précipité pour les agrandir au delà d'un pouvoir auquel il est incapable de fixer des bornes pratiques, ou les fausser sensiblement. Il hait l'Angleterre, et ne le cache pas. Il a, contre la Prusse, des colères subites, qui éclatent au grand jour. Il ne peut concevoir que les misérables Espagnols n'approuvent pas son intention de les entraîner dans le mouvement des sociétés occidentales, et le dit. Il méprise son beau-père, et on le sait. Il aime Alexandre, qu'il traite comme on traite une femme, avec des caresses profondes, et après de brusques humeurs.

Il vit tout haut son poème, qu'il ne peut achever parce qu'il est son action même et que sa vie, s'il cesse de le vivre, cesserait d'avoir un sens. Il le sent si bien qu'il redoute que le monde puisse croire, s'il a la moindre hésitation, le moindre retard, le moindre signe de défaillance, qu'il n'est plus Napoléon. « *Avec ma carrière déjà parcourue, avec mes idées pour l'avenir, il fallait que ma marche et mes succès eussent quelque chose de surnaturel.* »

D'ailleurs, pour un homme de cette taille, qu'importe le succès final ? Il embrassait trop ? Soit. Il eût pu, en lâchant l'Espagne, saisir la Russie, en lâchant Moscou saisir l'Espagne, saisir peut-être l'Angleterre en lâchant l'Espagne et Moscou ? Soit. Et après ? Le poème désintéressé qu'il vivait et obligeait le monde à vivre, eût été beaucoup moins complet. Ses admirables facultés s'alimentaient de ses excès même, elles lui permettaient de les commettre et d'en mourir en donnant jusqu'au bout l'impression qu'il grandissait à chaque étape et qu'il les commettait dans le pressentiment étrange qu'ils l'acculeraient à son chef-d'œuvre, cette campagne de France où il édifia en deux mois le plus beau monument d'énergie, de décision, de caractère, d'imagination créatrice, de courage moral et d'orgueil qui soit sorti d'un cœur et d'une tête d'homme. Il était comme un fondeur qui voit que le feu baisse, que le métal va refroidir trop vite dans le moule et qui, faute de combustible, jette au foyer les meubles, les volets, les portes, les parquets, jusqu'à des lambeaux de sa chair.

Une seule chose compte pour l'avenir. C'est la qualité de l'acte. Bien que le traité qui a suivi 1814 soit qualifié

de désastreux et que celui qui a suivi Wagram soit qualifié de glorieux, 1814 a fait plus de bien que Wagram
à sa mémoire et à la France même. Je n'ignore pas que,
dans l'ordre politique, on n'admet pas ces choses-là.
Dans l'ordre politique, on se réclame constamment du
plus bas utilitarisme, et les idéalistes les premiers qui
parlent toujours de providence distribuant aux méchants
et aux bons la récompense et le châtiment. Dans l'ordre
poétique, il en est tout autrement. Ce n'est pas au prix
qu'atteint une œuvre, ni aux avantages officiels et sociaux
que son auteur en retire qu'on juge, quand il n'est plus
là, de sa valeur. C'est à la somme d'influence morale et
sentimentale, d'admiration et de colère, en fin de compte
de mouvement dans les intelligences et de passion dans
les cœurs qu'elle inspire. Que pèsent les deux Amériques,
leurs mines de diamant et d'or, leurs forêts, leurs races
montantes, la richesse géante qu'elles versent dans l'univers, en regard de l'éclair d'âme qui détermina Christophe
Colomb à s'enfoncer dans l'inconnu ?

XII

LE MOYEN

XII

LE MOYEN

I

Ceux qui n'admettent pas la guerre ne doivent pas aller plus loin. Nous touchons ici au phénomène redoutable qui a le double privilège de révéler en même temps, dans le domaine de l'esprit, l'esclave et l'homme libre avec le plus d'impitoyable éclat. Je ne veux pas parler du pauvre homme qui subit la guerre comme soldat ou laboureur, acceptant d'être son instrument passif ou sa victime hargneuse. Je ne veux pas parler de celui qui jette au massacre, sans autre but qu'un galon, une croix pour lui, du bout d'un téléphone ou du haut d'un observatoire, un troupeau de malheureux, car celui-là n'est pas digne de tendre à la liberté. Je veux parler de ceux qui sont capables de juger d'ensemble la guerre, en tenant compte des innombrables éléments qui la déchaînent et la composent et des conséquences qui la suivent et qui n'abritent pas leur lâcheté derrière le masque du prêcheur ergotant sur l'illégitimité ou la légitimité de ses prétextes, mais la regardent en face, pour elle-même, en elle-même, et refusent à la fois de la juger selon les fins immédiates qu'elle invoque et de fermer les yeux sur son horreur. Ce grand effort une fois accompli, un plus grand effort est à faire, et c'est à celui-ci qu'on distingue, il me semble, les deux formes d'intelligence que j'ai désignées plus haut. Celui-ci la repousse en bloc, refuse de l'utiliser, d'en courir le risque terrible, s'exposant à subir un siècle de carnage pour épargner à son optimisme la blessure d'un démenti. Celui-là accepte de saisir, dans le jeu désintéressé qu'il y trouve, l'occasion qu'elle offre à son pessimisme de la dominer un moment... Ceux qui n'admettent pas la guerre ne doivent pas aller plus loin.

Le plus grand homme qu'ait formé et révélé la guerre savait quel instrument atroce le hasard qui nous prodigue ou nous refuse dès le ventre de notre mère les moyens de dépasser les hommes, avait mis entre ses mains. J'imagine même que c'est à cause de cela qu'il fut le plus grand homme qu'ait formé et révélé la guerre. Le domaine où notre activité propre se déploie est de nature spirituelle, et c'est le regard que nous jetons sur lui qui fixe ses frontières, détermine ses contours et nous rend plus ou moins aptes à le parcourir d'un pas ferme. Napoléon n'est pas un militaire. C'est un poète. Ce n'est pas un grand capitaine. C'est un grand homme. Et c'est bien différent. Il accepte ses dons, non pour la vanité et le pouvoir qu'il en retire, mais parce qu'il sait bien que s'il ne les acceptait pas, il ne parviendrait pas à trouver en lui-même les sources d'énergie, de raison et d'imagination qu'ils ouvrent et répandent dans tout son être pour le nourrir et l'affirmer. Non seulement il ne croit pas que la guerre soit le plus noble et le seul noble des moyens dont dispose l'homme pour parvenir à conserver et à créer, non seulement il la juge en pleine liberté — sévèrement parfois, ingénument même, — comme un *anachronisme* et la suprême convulsion des brutalités primitives que lui-même, Napoléon, a la mission d'écraser, mais il souffre souvent du spectacle qu'elle donne, et, s'il s'enivre d'elle, les lendemains de son ivresse lui procurent des nausées qu'il ne dissimule pas. La tuerie inutile l'écœure, et de lui-même quelquefois. A Ebersberg, où Masséna fait tuer trois mille hommes pour s'emparer d'un pont dont la prise n'importe pas, il s'indigne, verse des larmes, s'enferme pour les cacher. C'est ce jour-là, je crois, qu'il trouve le mot *boucherie* pour caractériser ces choses. « *Vous voulez donc m'ôter mon calme ?* » répond-il à un officier qui lui annonce, au cours d'une bataille, que le massacre grandit. « *Je suis toujours à Eylau, écrit-il à Josephine. Ce pays est couvert de morts et de blessés. Ce n'est pas la belle partie de la guerre ; l'on souffre, et l'âme est oppressée de voir tant de victimes.* »

Notez qu'il cache ces faiblesses, puisqu'il accepte et fait la guerre, car ces faiblesses, loin de faire reculer la guerre, accroissent son horreur en laissant devant elle l'homme hésitant et désarmé. Notez qu'il dit un jour, avec un sentiment profond du désordre sanglant où la défaillance du chef peut entraîner l'organisation clairvoyante du drame : « *Celui qui ne voit pas d'un œil sec un champ de bataille fait tuer bien des hommes inutilement.* » Notez surtout qu'on le trouve toujours face à la réalité guerrière, maître de lui, exempt de tout sentimentalisme déprimant, de tout idéalisme niais, de toute attitude hypocrite dénotant, chez qui les étale, la peur d'être soi-même, l'absence de tout haut courage, le besoin vil d'attendrir les âmes médiocres par des paroles de romance et des gestes de tréteau. « *On me fait, durant la nuit, prendre le poste d'une sentinelle endormie. Cette idée est sans doute d'un bourgeois, d'un avocat, mais sûrement pas celle d'un militaire...* » Notez que par cet autre mot : « *les guerres inévitables sont toujours justes* », il refuse de s'aveugler sur les oripeaux de moralité dont les Tartufes de diplomatie et de pédagogie prétendent affubler la guerre. Notez cette acceptation lucide et par suite magnanime de la portée, de la nature, des conséquences de ses actes. Et vous comprendrez qu'il est l'ordre, l'harmonie puissante et consciente qui règle et rythme le chaos, et vous ferez l'effort d'étouffer votre horreur devant cet art terrible de la guerre, celui de tous, entre ceux où la matière est l'homme même, qui offre à l'homme la plus grande somme de responsabilités à assumer, de passions à dompter, d'énergies à utiliser, de révoltes à refouler, d'images à réaliser, et lui donne l'occasion d'obtenir des résultats immenses avec des moyens médiocres et des sacrifices réduits.

2

En effet, la guerre ne donne à qui l'étudie une sensation d'art véritable, et parfois le sentiment d'une harmonie spirituelle comparable aux créations les plus parfaites du peintre, du poète ou du musicien, que s'il existe un contraste puissant entre l'importance du problème à résoudre d'une part, et d'autre part la sobriété, la simplicité, l'élégance déployées dans la poursuite de sa solution, le peu de matière et d'instruments dont elle dispose, l'impression qu'avec un maximum de responsabilités et de risques, le plus complet triomphe lui coûte un minimum de ruines et de sang. C'est ce sentiment qu'on éprouve en présence des campagnes d'Annibal, de Lucullus, de César, de Turenne, de Frédéric, et, à un degré bien plus saisissant encore, en présence de ces symphonies napoléoniennes, l'Italie, Marengo, Austerlitz, Iéna, 1814, où, devant l'éclat inattendu et prodigieux du succès, la rapidité de conception et d'exécution qui le force, l'enthousiasme irrésistible de ceux qui le poursuivent dans une communion étroite avec le chef, l'effusion du sang ne semble pas plus peser à l'ensemble d'un peuple que l'effort dépensé à l'ensemble d'un orchestre quand la grandeur du poème sonore soulève les auditeurs. En 1796, avec ses bandes en guenilles, il prend deux fois plus d'Autrichiens qu'il n'a de soldats sous ses ordres, ramasse six fois plus de canons qu'il n'en dispose lui-même, détruit successivement cinq armées, les plus belles en quelques jours, conquiert l'Italie et force à la paix l'Autriche victorieuse au Nord. En 1800, un combat, livré au point choisi avec 18.000 hommes, lui rend cette même Italie perdue par les généraux du Rhin. En 1805, par la seule manœuvre, il enlève une armée autrichienne, et, par une bataille unique où il ne perd pas 2.000 hommes, en disperse une autre, écrase l'armée russe, brise le Saint-Empire pour jamais. En 1806, en *un jour*, il ruine la monarchie prussienne.

En 1814, seul avec quelques milliers de paysans et de conscrits, il tient deux mois en échec toute l'Europe armée, qui l'abat sans l'avoir vaincu. Pour ceux qui croient que le chaos ne s'ordonne pas de lui-même et que la tragédie offre à la volonté de l'homme la plus haute occasion de s'affirmer, il n'est pas possible d'imaginer un triomphe plus complet de l'esprit sur la matière, de l'intelligence organisatrice sur l'aveugle brutalité.

Il y a un contraste impressionnant entre ces œuvres d'art parfaites et les guerres qu'il entreprend à partir de 1809. Ici, la manœuvre est plus lente, comme empâtée et surchargée, les résultats plus discutables, les procédés plus coûteux. Les batailles sont longues, indécises parfois, meurtrières presque toujours. Il a dit, une fois, ce mot qui caractérise si bien tout homme œuvrant dans le domaine de l'action et obligé de faire appel à une matière indocile, les hommes, les peuples, les états, leurs passions, leurs intérêts : « *Je n'ai jamais été maître de mes mouvements ; je n'ai jamais été réellement tout à fait moi.* » J'imagine qu'il songeait surtout à ces dures campagnes, aux boues de Pologne, aux neiges de Russie, aux pluies d'Allemagne, à l'air enflammé de Castille, aux enlisements de ses armées dans les marées et les orages d'une nature devenue elle-même hostile et où elles ne marchaient qu'à contre-cœur, traînant des convois monstrueux, laissant sur les routes et les sentes des malades qu'on égorgeait. L'extension démesurée de l'action politique provoquait l'extension d'une action militaire dont les points extrêmes s'éloignaient trop du centre que la paralysie périphérique gagnait progressivement. Plus ses

effectifs grossissent, moins son geste est simple et sûr.
Il vit à une époque où les transports sont lents, les communications torpides, où il faut parfois huit ou dix jours pour atteindre ses lieutenants, autant pour avoir leur réponse, où l'ennemi a tout le temps de manœuvrer entre l'ordre qu'il lance et son exécution. La conception est toujours aussi prompte, mais les communications à garder, les masses à mouvoir de loin, à armer, à nourrir alourdissent l'action, l'empêtrent d'indécisions et d'incidentes, et les conditions changent avant qu'elle ait pu commencer.

Il fait penser, alors, au chef d'un admirable orchestre dont tous les musiciens en bloc vivaient dans sa tête et son cœur et qui soudain verrait le nombre de ses exécutants, d'ailleurs venus de tous les points de l'horizon, ne se connaissant pas, appartenant à des écoles différentes, doubler, tripler, décupler, faire craquer les cloisons de la salle, n'apercevant plus ses gestes et invisibles pour lui. Heureux encore, quand la moitié d'entre eux ne se dérobent pas le jour du rendez-vous ou ne le quittent pas au milieu de la symphonie. Car il n'est pas seulement chef d'orchestre. L'administration, la politique, la psychologie internationale entrent à flots trop larges et trop pressés dans son jeu. Il est aussi impresario. Il s'occupe du logement de ses exécutants, de leur nourriture, de sa publicité, de l'exploitation financière et morale de ses immenses concerts. L'opinion, les impulsions, les intérêts de son public, les personnalités qu'il y éveille et qu'il irrite prennent une part chaque jour un peu plus active, d'abord isolée et anarchique, ensuite cohérente et ramassée, mais contre lui, à leur exécution. Il triomphe encore sans doute, à force d'énergie, et d'activité, et de génie, et de par la terreur et le respect qu'il inspire. Mais le sang coule, mais il s'épuise, il s'essouffle, il ne se ranime vraiment qu'alors qu'il retrouve, même réduits et surmenés, ses exécutants primitifs. L'art militaire n'est pas différent des autres arts. Il exige un nombre d'éléments restreints, en tout cas sous la main de l'artiste, et dont il connaisse le grain, la densité, la forme, la nature des réactions sur les éléments voisins. On le voit bien, chez celui-là. On a prétendu qu'il baissait, à l'heure où il allait donner, pour le dernier acte du drame, ses plus admirables accents. Il est toujours Napoléon, mais Napoléon n'est lui-même que quand il est aux prises avec l'objet. Là seulement où il n'est pas, tout est confusion et gâchis. Ses lieutenants hésitent au milieu des troupes ennemies aussi indécises qu'eux-mêmes. Dès qu'il arrive, en Espagne, par exemple, ou en Saxe, ou en Champagne, c'est comme un grand vent qui se lève. Les intelligences, les cœurs, les volontés s'exaltent, les armées soulevées comme des feuilles volent dans son sillage ou s'éparpillent devant lui.

3

Ses ennemis reconnaissaient aussi vite sa présence que ses soldats, et sa présence ébranlait les uns autant qu'elle exaltait les autres. Là il répandait la terreur, ici la sécurité. Ce n'est pas tant la victoire elle-même qui lui donnait auprès de ceux qui combattaient sous ses ordres cet incomparable ascendant, que la certitude qu'ils avaient d'une victoire rapide, facile, et où leur sang ne fût point gaspillé. « *La force morale plus que le nombre décide de la victoire.* » L'art de la guerre a ceci d'admirable qu'il communique à cent, ou mille, ou cent mille hommes le tempérament d'un seul homme, les anime de ses vertus, de ses passions, les fait participer, comme un bloc de force et de vie, au fonctionnement sourd de son cerveau et de son cœur. Il associait ses soldats à ses vues, il leur expliquait l'action, il leur communiquait le sentiment que le succès dépendait en partie de leur intelligence à en comprendre les conditions et à en accepter les risques, de leur ardeur à le poursuivre par les chemins qu'il leur montrait. Il tirait parti de leur moral, berçait par des promesses qu'il tenait leur dépression ou leur fatigue, sentait monter leur enthousiasme dans son ivresse propre à s'emparer de l'occasion, et saisissait l'instant où l'étincelle éclate entre le chef et son armée pour lancer l'ordre décisif. Le moral de l'ennemi même, qu'il devinait au flottement, ou à la régularité, ou à la nervosité, ou à l'ingénuité de sa manœuvre, entrait dans l'harmonie de la bataille qu'il était seul à percevoir, par la raison qu'il la créait. « *La guerre est comme le gouvernement. C'est une affaire de tact.* » C'est ce tact qui lui permettait d'oser des actes que tous eussent qualifiés d'insensés s'il les eût exposés loin du champ de bataille, et de les réussir toujours. Oser est la partie la plus essentielle et la plus irrésistible du génie. L'intuition du possible, qui est toute la poésie, enfante une réalité seconde qu'il n'a plus qu'à recueillir. Napoléon ne subit pas, il imagine ses batailles.

Cette façon d'envisager et de réaliser la guerre était si neuve que personne ne la comprit. Il trouve une science fixée. Il apporte un art vivant. Il remplace brusquement la mélodie linéaire que tous pratiquaient avant lui, par une symphonie complète dont on pourrait changer la quantité et les rapports des parties constitutives, mais où il fait entrer pour la première fois et pour toujours tous les éléments matériels, moraux, psychologiques du combat et rattache sa conduite aux problèmes stratégiques, économiques, politiques dont il est la solution voulue et recherchée à l'heure et à l'endroit choisis. Naturellement, de cet art supérieur, on fit une science après lui, les hommes étant fort rares qui consentent à comprendre que la vie crée incessamment des formes et des nécessités nouvelles et que c'est précisément cela qu'il convient de retenir des enseignements du génie, avec cette seule immuable coutume qu'il a d'envisager uniquement son but et d'organiser toutes ses facultés en vue de l'atteindre : « *Le génie agit par inspiration, ce qui est bon dans une circonstance est mauvais dans une autre. Il faut considérer les principes comme des axes auxquels se rapporte une courbe.* »

Personne donc ne le comprit, sauf les simples, et quelques jeunes chefs formés par sa guerre hors des académies, hors des formules, hors des routines, ayant comme lui-même, pour vaincre, tout à inventer. Avant lui, la Révolution même incluse, ce n'étaient que piétinements sur place, marches et contre-marches, hivernages, batailles en ligne à proximité d'une frontière après lesquelles on renvoyait la campagne au prochain été, tranchées, sièges successifs, et interminables, personne ne regardant, par-dessus l'épaule ennemie, l'organe vital à frapper. Tant est puissante l'habitude, que, dix ans après sa venue, vingt ans même, on l'attend encore, au lieu de foncer sur lui. Même quand on veut le surprendre, on l'attend. Et dès lors c'est lui qui surprend, même et surtout peut-être quand il a une distance trois, quatre fois, dix fois plus longue à parcourir que l'ennemi. Il ne s'agit plus, avec lui, de ces rendez-vous qu'on se donnait, comme pour un duel, entre chefs d'armées, le premier arrivé attendant poliment l'autre, et où l'habileté tactique, alors, entrait presque seule en jeu. Il s'agit d'opérations à longue portée dont il impose de loin la forme et dont le dénouement marque la paix. Il disait qu'à l'armée du Rhin on ne savait pas faire la guerre. Certes, elle avait de bons tacticiens, surtout de bons entraîneurs d'hommes, mais ses stratèges étaient nuls. Qu'on compare, si l'on en doute, à ces interminables mouvements où les adversaires se surveillent et n'osent pas agir même après la victoire, les marches foudroyantes qui le mènent parfois jusqu'au cœur de l'ennemi sans même avoir à percer sa cuirasse, paralysant ses mouvements avant qu'il ait combattu. Comme en matière politique il substitue, dans l'effort militaire, la dynamique révolutionnaire constructive à la statique révolutionnaire de défense et de destruction.

C'est pourquoi il est traité de barbare par ses adversaires, et par ses émules quelquefois, — Hoche et surtout Desaix à part, dignes d'être appelés par lui à pratiquer la grande guerre. On le taxe d'immoralité, parce qu'il ne voit qu'un objet : vaincre, et qu'il emploie tous les moyens propres à saisir cet objet. Pour les esprits arrêtés, il y a une immoralité de l'intelligence, et c'est elle, peut-être, qui scandalise le plus. Quand on lui donne un rendez-vous, il n'y vient pas, ou tombe dans le dos de celui qui le lui donne. En réaliste, il ne tient aucun compte des règles fixées avant lui. Il y introduit avec une véhémence admirable un élément inconnu. La démocratie, grâce à lui, ne met plus son honneur dans l'observation des lois de la guerre établies par la féodalité, mais dans le désir d'affirmer contre elle les éléments de puissance et de développement qu'elle porte dans son sein. « *A la guerre, tout est moral.* » Entendons-nous. Au contraire de la féodalité même, il respecte toujours la population civile, ne ruine pas pour ruiner, ne pille pas pour piller. Partout où il passe, il protège. Mais, dans l'opération de guerre, la force et la ruse n'ont pour lui d'autres limites que les nécessités de cette opération. La guerre étant la guerre, elle doit atteindre son but. Dès lors, contre la féodalité militaire, il fait entrer dans la manœuvre un sens nouveau de la guerre, comme les Encyclopédistes et le Tiers avaient fait entrer dans la philosophie et les mœurs, contre la féodalité théocratique et politique, un sens nouveau de la société spirituelle et de la société civile. D'où sortait l'honneur féodal ? D'un contrat plus ou moins avoué entre des chefs de bandes qui écumaient les grandes routes. Les palais les plus aériens ont leurs assises dans la terre. L'idéaliste de demain ne fait que styliser les œuvres du réaliste d'aujourd'hui.

4

On a voulu assimiler le génie à la folie. Il me paraît la manifestation agissante de la sagesse, qui est de conserver ou de retrouver le sens des relations et des proportions entre les choses, alors que la plupart des hommes perdent ce sens dans le ronron de l'habitude et la paix du moindre effort. De là le drame, et l'art, réactions probables de la vie allant droit au but contre l'enlisement chronique de l'esprit. La manœuvre napoléonienne entière est immédiatement déterminée par ce réalisme constant qui lui fait dire, un jour qu'on s'extasie et lui demande le secret de ses succès : « *Il faut surtout avoir du bon sens.* »

Pas une seule fois, sauf semble-t-il au dernier acte de sa plus belle tragédie, quand il apprend que l'ennemi est parvenu aux portes de Paris et qu'il renonce, pour y courir, à l'admirable mouvement sur la Lorraine qui l'eût peut-être sauvé, pas une seule fois on ne le voit, au cours de ses campagnes, céder à l'attrait si puissant de l'objectif sentimental — celui qui vous fait manquer le vrai but pour éblouir les masses, accroître votre propre confiance ou satisfaire votre propre vanité par la prise d'une ville illustre, d'une contrée riche en ressources ou d'une province regrettée, avant d'avoir tenté d'annihiler d'abord la force principale qui manœuvre contre vous. Il sait bien qu'une fois accomplie cette tâche essentielle, la ville, la contrée, la province — un peu plus tard, sans doute, mais beaucoup plus durablement — seront à lui, même s'il leur tourne le dos. Il ne commet sans doute pas la faute, s'il doit, pour atteindre l'ennemi, traverser la contrée ou la province passer sous les murs de la ville, de négliger l'occupation d. c tte ville, de cette contrée, de cette province, sachant qu'il y crée une base et morale et matérielle, mais à la condition qu'il ne perde pas une heure, pour ce faire, le contact avec l'objet mobile qu'il poursuit. C'est ainsi qu'il prend Milan en 96 et en 1800, Vienne en 1805 et en 1809, avant d'avoir détruit l'armée autrichienne, parce que Milan et Vienne sont sur la route qu'elle suit. Mais prenez garde que c'est lui qui interdit à cette armée de suivre une autre route en se plaçant toutes les fois entre elle et la ville qu'elle n'a pas su garder.

Car c'est là sa plus belle et sa plus constante manœuvre. Elle est fort simple. Mais « *l'art de la guerre est comme tout ce qui est beau et simple... Les mouvements les plus simples sont les meilleurs.* » Du plus loin qu'il vienne, toujours, alors qu'on le croit gardant les hauts passages des Alpes, ou qu'on se l'imagine au bord de la Manche, face à l'Anglais, ou débouchant en étourdi des défilés de Bohême, il fait un grand mouvement excentrique qui l'amène sans combat sur les communications de l'ennemi, plaçant l'ennemi entre lui et la France, mais du même coup se plaçant lui-même entre l'Italie, ou l'Autriche, ou la Prusse et l'ennemi. C'est fort simple, je le répète. C'est aussi fort dangereux. Car il court un maximum de risques et donne à l'adversaire, s'il se fait battre, un maximum d'avantages sur lui. Mais il obtient, s'il est vainqueur, un maximum de résultats. Une telle manœuvre escompte nécessairement une victoire radicale, mais son audace même l'autorise à l'escompter. Et dès lors, presque toujours en une seule bataille, elle perd l'ennemi sans recours... En 1796, contre cinq armées successives, la manœuvre est presque la même du commencement à la fin : tournant les Alpes par le sud pour séparer des Piémontais les Autrichiens, tournant le Tessin et courant le long du Pô pour déborder leur ligne de retraite, il entre à Milan, puis, le dos à la péninsule qu'il s'agit de conquérir et que Carnot lui désigne, barre la péninsule à l'Allemagne en occupant la ligne de l'Adige. En 1800, alors qu'on l'attend à l'endroit où il est naguère entré, il fond du nord, par le Saint-Bernard, sur Milan, bloquant l'armée de Mélas entre les Alpes et lui. En 1805, venant de deux cents lieues à travers le Rhin et la Bavière, il tombe à pic sur le Danube entre l'armée de Mack et Vienne qu'elle a la charge de couvrir. En 1806, les Prussiens postés sur son flanc pour le prendre au filet dès son entrée dans les plaines de Saxe, il fait un brusque à gauche, se place entre Berlin et eux et les détruit en un seul jour. Principe ? Non, Expérience. Expérience que sa raison lui dicte de tenter une première fois, qu'il accomplit et recommence, parce qu'il sait pourquoi elle doit réussir toujours. Il « *pense plus vite qu'eux* », dès lors agit plus vite qu'eux. Quand ils le croient très loin, ils sentent ses dents à leur nuque. Ils réfléchissent, ils combinent, ils vont agir... Mais il est là, pesant sur leurs bras, entravant leurs jambes. « *L'on pourra m'accuser de témérité, jamais de lenteur.* » Et pour comble, quand ils le voient en ligne, en face d'eux, qu'ils en ont pris leur parti, qu'ils vont, puisqu'ils se sont laissés surprendre, employer leur science du combat à réparer l'effet de leur torpeur, il tombe encore au seul point où ils ne l'attendent pas.

En effet, l'enchaînement de ses combinaisons le conduit, pour qu'elles aboutissent, à tenir en éveil jusqu'au dénouement, dans le drame de combat même, une imagination créatrice que chaque circonstance exalte et qui réponde à chaque circonstance selon les besoins du moment. Tantôt elles l'amènent à répéter, sur-le-champ de bataille même, le mouvement initial qui a provoqué l'action : c'est ainsi qu'à Arcole il sort de Vérone par l'ouest, paraissant quitter l'Italie, puis tourne au sud, traverse des marais, tombe dans le dos des Autrichiens qu'il perce et rentre dans Vérone par l'est. Tantôt elles le conduisent à commettre un acte de témérité qui doit le perdre ou justifier toutes les conséquences du mouvement initial : c'est ainsi qu'à Lodi, parce qu'il a tourné le Tessin, il doit forcer un pont de face, acculé au désastre s'il ne parvient à le forcer. Tantôt, pour faire échec à son invention stratégique que l'ennemi retourne contre lui en prenant l'Adige à revers, il ébauche la manœuvre en lignes intérieures qui charpentera plus tard la campagne de France tout entière et lui permet d'arrêter des forces six fois supérieures en bondissant de l'une à l'autre pour les ruiner séparément : c'est ainsi qu'en cinq jours, par les mouvements foudroyants dont le nœud est Castiglione, il disperse soixante-dix mille hommes avec des effectifs qui n'atteignent pas la moitié, et que volant du plateau de Rivoli aux portes de Mantoue avec seize mille hommes dans sa main, moins de quarante mille sous ses ordres, il en anéantit près du double en trois jours.

L'adaptation aux circonstances est continuelle. Il ne raisonne pas sur des objets inertes qu'une série de mouvements doit lui livrer quoi qu'il arrive. Il sait qu'ils sont vivants. Si vivants qu'ils obéissent en général à sa volonté initiale et qu'il annonce alors d'avance les mouvements auxquels il les obligera. Mais capables d'à-coups et d'inspirations inattendues qu'il déjouera sur-le-champ : « *Le grand art des batailles, c'est de changer, pendant l'action, sa ligne d'opération.* » Avant lui, autour de lui, après lui, tout est système. Avant lui l'ordre oblique de Frédéric, après lui l'enveloppement par une aile. A coup sûr, à Friedland, il enveloppe une aile pour briser, derrière les Russes, les ponts par où ils pourraient fuir. Mais à Austerlitz, alors que l'ennemi amincit son centre pour dessiner cette même manœuvre d'enveloppement contre lui, il se jette sur ce centre et coupe sa ligne en deux. A Montmirail c'est lui qui, pour amener l'ennemi à dégarnir son centre et y enfoncer son armée, esquisse l'enveloppement. On n'en finirait pas. Il est vivant. L'imprévu, qui trouble les autres l'enchante, et le trouve prêt. Pour un esprit de cet ordre, il n'existe pas d'imprévu, le choc, quel qu'il soit, et d'où qu'il vienne, éveillant tout de suite en lui la réponse logique du réflexe éduqué sans cesse par l'intelligence en éveil. Somo-Sierra, un col fortifié de montagnes, est enlevé par des lanciers. Aux cavaliers tourbillonnants des mameluks, il oppose, aux Pyramides, les citadelles hérissées des carrés de fantassins. « *Malheur au général qui vient sur le champ de bataille avec un système.* » A la manœuvre scientifique du cuistre militaire qui veut plier les circonstances à ses principes, manœuvre *a priori*, aveugle, massive, brutale, s'arrêtant court si quelque grain de sable se glisse entre ses rouages minutieux, il substitue une manœuvre organique, souple, sensible, filant comme une eau vive entre ses thèmes essentiels, cherchant en même temps à provoquer chez l'adversaire des réactions attendues auxquelles il est prêt à répondre, et à surprendre, dans celles qu'il n'attend pas, le défaut d'un instant où il poussera le fer.

Sa conception générale de la campagne, ce sens nouveau de la guerre qui est d'atteindre et de détruire le principal groupe ennemi sans se laisser détourner de ce but par des considérations politiques, sentimentales, chevaleresques ou plus simplement routinières se poursuit ainsi, de proche en proche, jusqu'à sa conception particulière du combat. Un fragment de statue, si la statue était belle, est aussi beau que la statue, étant une section vivante du grand mouvement circulaire d'ensemble et de continuité qui a déterminé tous les profils, tous les volumes, tous les plans de la statue. Que l'ennemi soit à cent lieues ou à cent mètres, il ne se bat plus jamais en ligne, centre contre centre, aile contre aile, cavalerie contre cavalerie. Il se bat avec le gros même, qu'il porte au point essentiel : « *Il ne s'agit pas d'éparpiller ses attaques, il faut au contraire les réunir.* » Et il est toujours le plus fort parce qu'il est toujours le plus mobile. Avec sa masse à lui il court à la masse adverse, surveillant les masses secondaires avec quelques détachements. Son grand mouvement favori, qui le porte sur la ligne de retraite de l'ennemi, a non seulement pour effet de séparer l'ennemi du cœur de son pays, mais des membres de son corps même, contre les

quels, après avoir vaincu le corps, il fonce successivement
pour les trancher un à un. « *L'art de la guerre consiste à
avoir toujours plus de forces que l'adversaire, avec une armée
plus faible que la sienne, sur le point où on l'attaque ou sur
celui où il vous attaque.* » Quelle que soit la disposition et
l'étendue de la manœuvre, il en est l'esprit, il en est le
cœur, il en est le centre vivant. Elle gravite autour de lui.

5

D'ailleurs, il a marqué lui-même le caractère de son
art : « *Il y a beaucoup de bons généraux en Europe, mais ils
voient trop de choses : moi je n'en vois qu'une, ce sont les
masses. Je tâche de les détruire, bien sûr que les accessoires
tomberont ensuite d'eux-mêmes.* » Mot admirable, que pourrait répéter, presque sans y changer un terme, le peintre,
le poète, le musicien ou le sculpteur. Mot de créateur,
envisageant d'ensemble et circulairement les choses,
s'en prenant au bloc même de l'image à réaliser qui, dès
qu'elle tiendra sur sa base, verra les quelques accents
capables de la souligner naître d'elle, et se mettre seuls
à leur plan.

L'Europe entière est son champ de bataille, même au
cours du moindre combat. Et ç'eût été le monde, s'il eût
vécu de nos jours. Jamais il ne sépare l'un de l'autre les
deux points les plus éloignés de l'échiquier militaire,
et il n'échoue jamais, dans le projet que leurs rapports
font naître, que si les moyens matériels ne suffisent pas
à l'accomplir. Il sait que chacun de ses mouvements en-

traîne une série de conséquences qui se répercutent de proche en proche avec une rigueur à peu près mécanique où la nature des hommes fait office de pesanteur. Il sait d'avance, par exemple, qu'après qu'il aura pris Vienne, il attirera d'Italie sur lui l'archiduc Charles que devra suivre Masséna. A Paris, couché sur ses cartes, alors que son armée n'a pas encore franchi les Alpes, on le voit planter une épingle sur la ville de Marengo. Après Ulm, apprenant que la Prusse entre en lice, au lieu de se retirer vers le Rhin, ce qui eût donné aux Prussiens, aux Autrichiens, aux Russes le temps de se réunir, il laisse la Prusse armée sur son flanc et ses derrières et fonce sur les Austro-Russes pour en finir avec eux. Les lignes que doivent parcourir les armées combattantes enchevêtrent leurs courbes et s'équilibrent dans sa tête comme les mouvements des astres dans la tête d'un astronome ou les arabesques sonores dans la tête d'un musicien. Un jour qu'on le prie de dire quelle fut sa plus belle bataille, il demande à l'interlocuteur ce qu'il entend par là : « *Les miennes, ajoute-t-il, ne peuvent être jugées isolément. Elles n'avaient point unité de lieu, d'action, d'intention. Elles n'étaient jamais qu'une partie de très vastes combinaisons.* » L'expédition d'Égypte, le Blocus continental, la guerre de Russie même jouent un rôle déterminé dans la symphonie guerrière où le combat n'est qu'un élément transitoire qui peut amener des résultats médiocres avec d'admirables dépenses de caractère et d'imagination, mais entraîne le plus souvent des résultats immenses avec un minimum d'efforts.

On a bien mal compris ces choses-là. On a versé des torrents d'encre pour lui contester, par exemple, le mérite de Marengo. Un fléchissement d'une heure dans l'exécution matérielle d'une manœuvre immense organisée de Paris même et comportant le passage des grandes Alpes et la prise de Milan dans le dos des Autrichiens n'en altère en rien l'harmonie. C'est un instrument qui se brise dans un orchestre géant. On a parlé de Masséna, dont la résistance, dans Gênes, permet cette manœuvre-là. On a parlé de Desaix, qui en sauve l'exécution. Cela prouve, avant toutes choses, qu'il savait choisir ses principaux exécutants. La victoire était basée sur le sacrifice de Gênes ? Certainement. L'art vit de sacrifices, et la supériorité du sien, c'est que la cruauté du sacrifice consenti n'apparaît aux yeux de tous que si l'œuvre est imparfaite. Le sentimentalisme, je l'ai dit, ne joue aucun rôle dans cet art avant tout plastique et musical, pas plus qu'il n'intervient dès que Sébastien Bach ou Michel-Ange ont à dégager quelques lignes et quelques volumes de force de l'architecture formelle ou sonore qui représente l'univers pour eux. Mais l'art cruel de ces hommes suscite l'énergie la plus bienfaisante, et le mépris qu'ils ont pour l'exploitation des larmes élève le sentiment.

On a parlé encore de sa « désertion » en Égypte. Or, il venait de recevoir la nouvelle des désastres d'Italie et de la situation terrible où la France se trouvait. Il savait bien qu'il n'était, en Égypte, qu'une « *aile de l'armée d'Angleterre* ». Il embrassa d'un coup d'œil l'immense champ de bataille. Et, bravant le péril d'une capture probable il s'embarqua, laissant son armée presque intacte, après avoir assuré sa conquête, moins d'un mois auparavant, sur la plage d'Aboukir. Ce n'est sans doute pas la conduite d'un soldat. Ni même celle d'un chef. Mais c'est celle *DU* chef. Peut-être pas, en ce moment, selon la Constitution, mais selon le cœur et la tête. C'est celle qu'il tient en Russie, treize ans plus tard, quittant seul l'armée agonisante pour organiser la France et l'Allemagne contre le reflux de l'Orient. C'est celle qu'il tient à l'île d'Elbe, débarquant seul sur une côte hostile pour aller, l'épée au fourreau, dénouer le nœud gordien.

Précisément, à l'instant d'effectuer ce retour étrange, il a dit ce mot décisif : « *Mon entreprise a toutes les apparences d'un acte d'audace extraordinaire, et elle n'est en réalité qu'un acte de raison.* » C'est qu'il a le sens du miracle. Il sait, comme tous ceux qui voient l'ensemble d'une forme, traversant d'un coup d'œil la complexité formidable de son organisation pour en saisir l'unité, pourquoi, quand et comment le miracle se produira. Comme il voit clairement le but immédiat et la route et connaît les intérêts communs et les forces morales qui s'y dirigent aussi alors que la plupart n'y aperçoivent que les forces matérielles et les intérêts personnels qui l'en séparent, il paraît, aux regards de tous, être l'homme du miracle, celui qui le déclenche et l'exploite incessamment. Il ne fait que prévoir la solution logique qu'à peu près personne n'aperçoit, parce que la prévoyance et la logique sont loin d'être l'apanage de tous. Il a, d'ailleurs, le sens profond de ce renversement singulier des esprits qui voient le surnaturel dans l'ordre rationnel des choses et à qui le triomphe de la sottise, de la routine et de l'aveuglement semble au contraire naturel : « *Le moyen d'être cru, dit-il, est de rendre la vérité incroyable.* »

6

Si j'avais à caractériser les évolutions successives de ce génie guerrier qui lui permit, en moins de vingt années, et tout en abolissant pour jamais l'ère gothique en Europe, de donner à la guerre le plus poétique aspect qu'elle ait jamais eu, trois périodes très dessinées m'apparaîtraient nettement. Je vois d'abord l'enfant maigre aux cheveux désordonnés, défaillant d'insomnie, tenu par les nerfs, nourri de romans, d'épopées, solitaire, amoureux, effrayant de passion cachée qui rentre les lèvres, creuse les orbites, tire la peau sur le visage... Je le vois, dans la montée terrible d'une gloire inouïe et neuve, enivrant les hommes, enivrant les femmes, forçant le lyrisme à bondir dans le cœur des musiciens, lui-même ébloui des éclairs qui foisonnent dans sa tête pour lui révéler chaque jour la guerre comme un poème en action que personne n'a vécu, l'inventant toute dans une inspiration intarissable, bousculant les unes sur les autres les vieilles armées féodales, ramassant à pleins bras leurs canons, leurs drapeaux, les fleurs de leurs villes captives pour les jeter avec amour à ses bandes de va-nu-pieds : c'est la période romantique, ou italienne, celle de Lombardie, d'Égypte aussi, de la marche éclatante vers les sources du soleil, celle où les féeries fantastiques de Carpaccio et de Shakespeare, les grandes figures planantes de Tintoret, de Michel-Ange, les *Mille et une Nuits*, les marins de Salamine, les phalanges d'Alexandre, Ulysse errant, la Toison d'Or, les grandes trirèmes aux voiles pourpres berçant sur la mer inconnue les hoplites cuirassés porteurs de flûtes et de lyres étaient présents, éveillant dans les âmes vives des soldats de langue d'oc les échos mal assoupis des voix divines qui avaient salué sur tous les rivages du Sud la naissance de l'Illusion...

Je le vois, un peu plus tard, avec la santé rétablie, la certitude de soi et plus de calme dans le cœur, l'amour maîtrisé, les romans, les contes épiques mis de côté pour le Code à rédiger, et tout cela montant au visage d'un blanc mat dont la peau est moins sèche, l'ossature très apparente mais un peu moins accusée, les cheveux courts, toute l'allure à la fois apaisée et dominatrice du maître désormais reconnu, l'uniforme plus net, plus sobre, non plus une petite bande, mais l'armée elle-même et tout un peuple obéissant dans l'enthousiasme et la foi... Je vois le contact plus étroit avec la nation française et les soldats du Rhin organisant ses dons, introduisant dans leurs rapports plus d'harmonie et de mesure, ordonnant sa Grande Armée bien vêtue, bien nourrie, magnifiquement encadrée, heureuse, en un bloc de puissance où toutes les provinces gauloises et rien qu'elles fusionnent pour imposer à l'Europe, en mouvements irrésistibles, l'idée architecturale d'un ordre nouveau à bâtir : c'est la période classique, ou française, de Marengo à Iéna, celle où la discipline de Corneille, les cadences mélodieuses de Racine et de Poussin, la méthode de Descartes étendue jusqu'aux manœuvres de Turenne, aux murailles de Vauban, aux jardins de Versailles, aux grandes routes ombragées qui portent la vie et la force du centre aux extrémités des membres de la nation donnent au peuple

et aux soldats l'impression continue des conquêtes définitives de la raison et de la volonté sur le sentiment et
l'instinct...

Je vois enfin, avec la graisse envahissante, une nouvelle agitation au fond du cœur contracté par la
puissance souveraine, les sourcils se fronçant sur l'admirable mais impitoyable visage dont les plans s'empâtent
un peu, dont la peau s'injecte de bile, tandis que le col
de la redingote monte dans le cou épaissi et que le chapeau s'enfonce plus bas sur le crâne où s'éclaircissent
les cheveux... Je le vois maniant d'une main qui s'énerve
ses immenses troupeaux de vassaux et de mercenaires
où le noyau français se dessèche de plus en plus tandis
que s'épaissit la chair d'abord indifférente et flasque,
puis peu à peu empoisonnée, infiltrée de fiel et de lymphe,
saignante, traînée aux hécatombes, lourdes masses obéissant mal à l'impulsion de la grande tête assombrie qui en
tire encore, pour décorer le palais mondial qu'elle rêve,
des effets somptueux ou sinistres, de riches harmonies
barbares, du sang sur la neige infinie ou la poussière
tournoyante qui monte des plateaux brûlés : c'est la
période mystique, ou orientale, où le sombre cœur espa-
gnol, l'âme slave insaisissable et titubante, la marée à la
fois assoupissante et régénératrice de l'Afrique et de l'Asie
mêlent leurs lourdes alluvions aux eaux claires de l'Occident, la lutte éternelle, les victoires alternatives de Dionysos
et d'Apollon. Et puis, enfin, pour que le démiurge montre
qu'il est resté capable d'une renaissance immortelle,
d'un renouvellement toujours frais et jaillissant de sa
puissance lyrique, non plus une période nouvelle, mais

une danse fulgurante au bord de l'abîme ouvert, la soudaine fusion, dans la suprême symphonie, de la grande mesure classique où la France a reconnu ses moyens et ses destinées et de la passion romantique où les sources du vieux Mythe s'étaient brusquement rouvertes à la surface du sol.

XIII

PROMÉTHÉE

XIII

PROMÉTHÉE

I

Un jour que Rœderer entretenait Napoléon des gestes et des intentions de son frère Joseph, il s'attira cette réponse : « *Il est bon que vous alliez près de lui. Il continue à faire des choses qui mécontentent l'armée. Il fait juger par des commissions espagnoles les Espagnols qui tuent mes soldats. Il ignore que partout où sont mes armées, ce sont des conseils de guerre français qui jugent les assassinats commis sur mes troupes... Il veut être aimé des Espagnols, il veut leur faire croire à son amour. Les amours des rois ne sont pas des tendresses de nourrice, ils doivent se faire craindre et respecter... Le roi m'écrit qu'il veut revenir à Morfontaine[1] : il croit me mettre dans l'embarras ; il profite d'un moment où j'ai, en effet, assez d'autres occupations... Il me menace quand je lui laisse mes meilleures troupes et que je m'en vais à Vienne seul avec mes petits conscrits, mon nom et mes grandes bottes... Il dit qu'il veut aller à Morfontaine plutôt*

1. Morfontaine ou Mortefontaine, près Ermenonville (Oise), propriété de Joseph Bonaparte.

que de rester dans un pays acheté par du sang injustement répandu. C'est une phrase des libelles anglais. Qu'est-ce donc que Morfontaine ? C'est le prix du sang que j'ai versé en Italie... Oui. J'ai versé le sang. Mais c'est le sang de mes ennemis, des ennemis de la France. Lui convient-il de parler leur langage ? Si le roi est roi d'Espagne, c'est qu'il a voulu l'être. S'il avait voulu rester à Naples, il pouvait y rester... Il croit me mettre dans l'embarras, il se trompe fort. Rien ne m'arrêtera. Mes desseins s'accompliront. J'ai la volonté et la force nécessaires. Rien ne m'embarrasse. Je n'ai pas besoin de ma famille. Je n'ai point de famille, si elle n'est francaise... Mes frères ne sont pas Français. Je le suis seul...

J'aime le pouvoir, moi. Mais c'est en artiste que je l'aime... Je l'aime comme un musicien aime son violon. Je l'aime pour en tirer des sons, des accords, de l'harmonie ; je l'aime en artiste. Le roi de Hollande parle aussi de sa vie privée !... Celui des trois qui serait le plus capable de vivre à Morfontaine, c'est moi. Il y a en moi deux hommes distincts, l'homme de tête et l'homme de cœur. Je joue avec les enfants, je cause avec ma femme, je leur fais des lectures, je leur lis des romans... »

J'ai rapporté ces paroles puissantes parce que ce livre est sorti d'elles, parce qu'elles prennent, dans la bouche de cet homme, un sens presque surnaturel, parce que tout le siècle dont il sortait, sauf Montesquieu, peut-être Diderot, en tout cas Rousseau, Voltaire et leurs élèves, se fût insurgé contre elles, parce que nul, à son époque, pas même Rœderer sans doute — Gœthe étant toujours excepté — n'eût pu les comprendre, parce que notre temps lui-même se prépare tout juste à en mesurer la grandeur. Que quelques-uns commencent à sentir que Napoléon est un poète, que l'art est de l'action rêvée, l'action de l'art vécu, c'est chose qui devient possible après que la plus vaste enquête scientifique a ramené l'esprit à ses sources permanentes, réhabilité le Mythe, dénoncé l'insuffisance et les méfaits de la morale, démontré l'identité des mobiles sous les prétextes, découvert le même principe à toutes les formes d'expression. Mais qu'il l'ait su, lui, et qu'il l'ait dit, que cette vie fabuleuse ait eu la conscience profonde de l'harmonie désespérée à laquelle elle tendait à travers son propre drame, ceci est fait pour le réconfort de quiconque sait que le drame n'est qu'une aspiration du cœur à la conciliation définitive de toutes les contradictions qu'il n'abolira jamais.

Il faut sans cesse le redire. On voit le sang répandu, non les cervelles asservies. Parce qu'il a tué, celui-ci n'appartient pourtant pas à une autre famille que ceux qui ne cessent pas de regarder ou d'écouter l'informe bloc de pierre d'où il faut tirer la statue, l'abîme de rumeurs à ordonner en symphonie, les cris de volupté et de souffrance à faire entrer dans les cadences du poème ou à purifier à la flamme que la prose va surprendre dans la profondeur des mots. La curiosité, l'inquiétude, l'angoisse, l'abandon, l'oubli, la guerre, sont les conditions de l'ordre que la fatalité de leur nature leur commande d'introduire dans l'univers, — ordre qui chancelle un moment à l'heure où leurs yeux se ferment, que d'autres redressent, ou modifient, qui dure un, ou cinq, ou vingt siècles, finit toujours par crouler presque tout entier, mais que la réserve d'illusion des humanités futures recommence et persistera à poursuivre, à travers le chaos sanglant d'une éternelle aventure, jusqu'à la fin. Comme la leur, sa structure morale entière est édifiée autour du noyau central qu'est la passion, et la hantise, et le tourment de l'ordre à découvrir et qui la détermine de partout. Ceux qui ne portent pas en eux cette puissance épouvantable ne sont pas dangereux, sans doute. Mais ils ne sont pas.

« Etre inaccessible..., abrégé du monde, dit Gœthe, pour lui, la lumière qui illumine l'esprit ne s'est pas éteinte un instant. » La tyrannie de l'ordre, et de son ordre à lui est telle, que demeurant toujours maître d'en modifier l'image à sa guise dans les moyens dont il use pour l'atteindre dans son cœur, il est forcé, à mesure qu'il avance, comme tous ceux qui l'expriment dans le poème ou le tableau, de l'extérioriser sous un aspect systématique, qui fait peser sur tous cette tyrannie qu'ils acceptent ou contre laquelle ils s'insurgent, mais dont la nécessité les imprègne pour toutes les générations. Ce qui le distingue du despote, c'est la continuité dans les desseins. Ce n'est pas par un caprice aussitôt détourné par un autre caprice qu'il emprisonne le pape, confisque des royaumes et improvise des rois, c'est pour défendre et affirmer, envers et contre tous, une personnalité capable de comprendre et d'embrasser l'universel. Néron est tantôt comique et tantôt sinistre, parce qu'il joue l'artiste sans l'être. Avec Napoléon, on n'a pas souvent envie de rire, et jamais de pleurer... Toujours, partout, en toutes circonstances, il sacrifie son intérêt à son rêve et son repos à sa grandeur. Et ce qui frappe, quand on étudie profondément cet homme en apparence dissimulé, calculateur et fourbe, c'est sa formidable innocence. Sa volonté lyrique recouvre le monde irrité d'un voile qui le trans-figure. Et c'est lui, voyez-vous, qui a raison contre le monde. Comparativement à un grand artiste, ses contem-porains semblent sages, parce que ses contemporains suivent les plans d'une folie ancienne. Le grand artiste semble fou, parce qu'il suit les plans d'une sagesse en devenir. Dieu, qui n'est qu'un promeneur, change de marche de temps à autre pour ne pas se fatiguer. Napo-léon reste d'accord avec l'ingénuité de Dieu dont il est le pas sur la route.

Contre la résistance intéressée, le préjugé et l'habitude, il impose un nouveau rythme qui finit par les briser. La force qu'il emploie, c'est *SA* force. Elle est fonction de son esprit. Et comme il est un grand individu et qu'il fait craquer les frontières de l'individu pour rejoindre, au travers, l'universel et le social, elle est fonction de l'Esprit même. Ce qu'il en dit lui-même est applicable à tous les créateurs : « *C'est la volonté, le caractère, l'application et l'audace qui m'ont fait ce que je suis.* » Audace dans la conception, application dans l'étude et l'épreuve des matériaux, volonté de réalisation, caractère à opposer aux gredins de l'ordre intellectuel qui se décernent eux-mêmes l'épithète d' « honnêtes gens », cela est suffi-sant mais aussi nécessaire à la confrontation décisive et féconde du grand individu et du grand besoin qu'il traduit. Comme le poète dans le sentiment, il cherche l'absolu dans l'action. Réaliste profond dans le maniement même de sa matière à lui, qui est politique et guerrière, la réalité, comme chez le poète, devient avec lui très vite, et nécessairement, le symbole de ses visions. Il la triture à sa guise. Le monde entier des vivants et des morts, de l'Histoire et du Mythe, des races et des passions n'est bientôt plus pour lui qu'un dictionnaire qu'il ne fait que consulter pour chercher le mot ou la rime à incorporer à l'image où son illusion incurable voit le terme de son effort. Il lance dans l'espace des lignes idéales que sa sensualité matérialise et qu'ordonne sa raison. Son imagination poursuit, avec ses facultés de prévoyance et de contrôle, un équilibre tragique qu'il atteint chaque fois le moment d'un éclair, mais au delà duquel lancé trop violemment il tombe, et dont le désir, aussitôt, renaît plus tyrannique dans son cœur. La limite de sa puissance, du moins de sa puissance de réalisation, — et c'est en cela seulement qu'il se sépare de celui qui œuvre dans le monde abstrait, mais qu'il le dépasse en un sens, le risque étant plus redoutable, — c'est l'instinct de moindre effort des hommes qui finit par s'insurger contre lui. L'avantage de la pensée pure, c'est que les faits et les événements actuels n'ont pas de prise sur elle quand le son, le verbe, la couleur ou la forme sont à ses ordres immédiats. Mais s'il est d'un lyrisme encore plus émouvant, peut-être, d'enchaîner les faits même à la pensée et de diriger l'action dans les voies de l'imagination avec une telle puissance que les événements sont contraints de s'élancer sur ses pas, une heure arrive où les événements barrent sa route et où les faits trouvent dans leur propre inertie les moyens de résister... Vaincu par la matière, comme Michel-Ange, il n'achève pas ses tombeaux.

2

Quand je cherche à évoquer sa marche dans l'Histoire, qu'il remplit, et qui laisse pourtant une impression d'épouvantable solitude, je songe à la phrase de Chateaubriand contant la fameuse séance où Louis XVIII, reçu par les acclamations de tous, vint se solidariser avec ses Chambres à l'approche de l'usurpateur : « Les cris cessent, tout se tait. Dans cet intervalle de silence, on croyait entendre les pas lointains de Napoléon. »

Son pas reste lointain. J'en ai parlé souvent, ici. Mais c'est qu'on ne s'en est pas rendu compte, bien que cet isolement singulier constitue la marque la plus imposante de son génie et livre le sens profond de son exil parmi nous. Il le cherchait dans sa jeunesse, attribuant ingénûment le besoin qu'il avait de lui « aux maux qu'avaient souffert la Corse et sa famille »[1]. Il aimait le désert, cet « *Océan de pied ferme, l'image de l'infini* *. » Et c'est le sort de ceux que la solitude attire et qui recherchent avidement ses conditions extérieures, de la sentir monter en eux à mesure que le bruit du succès augmente ou que la rumeur de la gloire vient les environner.

Le voici. Il est isolé de l'Europe par le rideau de flamme de la guerre. Il est isolé de la France par sa qualité d'Italien. Il est isolé du futur par la haine de ses détracteurs et l'imbécillité de ses thuriféraires. Il est isolé des artistes par leur dédain de l'action. Il est isolé des hommes posi-

1. Bourrienne.

tifs par la qualité lyrique de cette action. Il est isolé de la démocratie par ses instincts d'aristocrate. Il est isolé de l'aristocratie par sa volonté de démocrate. Il est isolé en même temps des croyants et des incrédules par cette foi informulable du poète qui est la plus vaste de toutes mais qui, par cela même, fait éclater les cadres de la foi. Et tout cela n'est pas assez. Tout cela n'est rien. Il est isolé de tous les cœurs par la nature de son cœur.

Certes, il n'a pas l'air d'être seul, maître qu'il est de la moitié d'un continent, seigneur des bras, seigneur des âmes, presque des intelligences, jouant d'une armée formidable, son nom connu dans les solitudes américaines, répété des foules asiatiques, l'univers occupé exclusivement de lui. Et cependant, à mesure que sa puissance lui soumet l'impuissance des autres, elle l'éloigne d'eux. « Il avait l'air, dit Cambacérès, de se promener au milieu de sa gloire. » Le monde entier faisant silence, je pense que, quand il marchait, il n'entendait dans son cœur que le bruit de ses éperons. Il était d'autant plus seul que personne ne le sentait, et qu'on eût fait bien rire celui auquel on l'aurait dit. Ceux qui répondent à un grand homme, s'il vient à se plaindre de ne pas être compris, qu'il est le centre des regards, qu'on le loue, même en son absence, qu'on l'admire, qu'on l'aime, que le monde a besoin de lui, ne comprennent pas la qualité réelle de la solitude. La solitude d'un grand homme augmente tandis que le nombre s'accroît des hommes qui tournent les yeux vers sa force, sa propre loi intérieure l'obligeant à se séparer d'eux sans cesse et l'en prévenant d'autant plus que le contraste s'accuse entre les besoins de son âme et la nature des louanges qu'on lui prodigue, des intentions qu'on lui prête, des définitions qu'on donne de l'idée qui le conduit. On limite son rôle, on définit son génie, on arrête son destin alors que ses désirs ignorent leurs frontières, que ses moyens ignorent leur puissance et qu'il ne connaît pas la mission dont il est chargé. Vous croyez donc que cela lui suffit, dix trônes, la terreur, l'enivrement du monde, le plus grand des destins connus ? Indigents que vous êtes ! Sans cesse, pour monter, il doit s'arracher à l'amour. Plus l'acclamation grandit autour du héros en marche, plus le silence s'établit et se fait profond dans son cœur. N'essayez pas d'explorer la solitude de cet homme sur lequel les regards de *TOUS LES HOMMES* sont fixés.

« Mendiant de l'infini, demandant à qui passait le petit sou de l'empire du monde »[1], il n'y eut jamais, dans tous les siècles, un homme plus malheureux. Il paya l'incomparable ivresse d'être lui par l'incomparable souffrance d'être seul à le savoir. Son mot à Gœthe est un cri de soulagement. Quand la gloire, après avoir atteint les extrêmes limites matérielles de la conscience et de la mémoire des hommes s'estime inassouvie, sa rançon est le désespoir. Mais alors, et seulement alors, Dieu l'accueille.

3

Ce combat, dont il est le théâtre, entre l'aspiration vers un but inaccessible et l'inertie implacable du fait

---

1. Léon Bloy.

qui l'oblige à le tordre entre ses mains comme un métal peu docile, nous force à le considérer avec les sentiments contradictoires que la méditation sur la vie même écartèle dans notre cœur. C'est qu'il est lui-même la vie portée à son plus haut degré d'intensité et de puissance, éveillant tour à tour ou simultanément selon l'heure et le point de vue l'amour ou la haine, mais s'affirmant irrépressible contre la morale et la mort. La destinée de cet « être incompréhensible qui trouvait le secret d'abaisser, en les dédaignant, ses plus dominantes actions, et qui élevait jusqu'à sa hauteur ses actions les moins élevées » [1], est un conflit pascalien projeté du domaine de la conscience dans celui de l'événement. La raison moyenne le condamne, mais il subjugue l'instinct qui lui ramène la raison supérieure triomphant de ses propres scrupules opposés à son essor.

« Le héros parfait », disait Gœthe, qui refusait de ne voir le héros qu'à travers l'image un peu fade du saint selon le christianisme, c'est-à-dire de l'homme écrasant ses passions, souvent assez peu tyranniques, pour ne pas avoir à en souffrir. Celui-là possédait la force de les mettre en ordre, et d'imposer leur ordre à tous. La conquête de l'héroïsme est d'autant plus ardue que le chaos des passions est plus terrible dans un cœur. Le « héros parfait » est celui qui aimant la guerre réduit le meurtre, aimant l'amour maîtrise les femmes, aimant le pouvoir en dédaigne les caprices, aimant la gloire méprise la louange, aimant la vie risque la mort. Un seul écueil, l'amour du

1. Chateaubriand.

cian, que Jésus sut broyer en lui et qui perdit Napoléon.
Et cette morale publique, dont il se sert sans croire
à ses fondements absolus, parce que son « système » le veut.
Hors ces faiblesses incurables, Gœthe a raison. Il ne s'agit
pas de souffrir. Il ne s'agit pas de jouir. Il s'agit d'obéir
aux fatalités de sa nature en les cultivant par le redoutable
contact de la vie acceptée avec ses pleines conséquences,
même si elle vous commande le drame intérieur quotidien
pour dominer ses assauts. Il est trop facile de se jeter
les yeux fermés dans la mêlée. Il est trop facile de la fuir.
Il la regarde en face, et y consent. Et il a la puissance rare
d'empêcher qu'elle dépasse le niveau montant de son cœur.
Ne l'enviez pas. Ne le plaignez pas. Il n'entendrait point
votre langage : « *Mon cœur se refuse aux joies communes
comme à la douleur ordinaire.* »

C'est là une force autonome, qui donne au monde beaucoup plus qu'elle n'en reçoit. C'est de lui qu'il nourrit
la vie en la forçant de bout en bout, comme un fleuve
irrésistible qui laisse sur les faits et les êtres des alluvions
plus larges à mesure qu'il se rapproche de l'heure où
il se perdra dans la mort. Une foi géante l'anime, foi personnelle, obscure, mais absolument invulnérable et qui
n'a rien à voir avec les croyances communes, se dévelop-
pant, bien au contraire, sur un fond de scepticisme radical.
En Italie il est seul à croire, quand personne ne croit encore.
En 1814 il est seul à croire, quand personne ne croit plus.
Par là, vraiment, il semble une pensée de Dieu, chargée
par lui de modeler la matière humaine en poème. Sa
traversée du monde coïncide avec un drame gigantesque
dont il devient le principal acteur, auquel son imagination

ajoute des scènes nouvelles et à la hauteur duquel il ne cesse de se trouver. Elle crée des mythes grandioses, afin de lui prêter par cela même le pouvoir d'en faire passer dans les faits la partie réalisable. Il veut refouler l'Orient, fonder la nation d'Occident. Ainsi révèle-t-il l'Occident à lui-même et aspire-t-il l'Orient tout entier dans l'orbite de l'Occident. Ainsi est-il, en même temps, contre l'Asie, le champion de la raison et de la volonté occidentales, et le nouvel annonciateur, en Europe, du mysticisme oriental. Je ne sais s'il le voit clairement. Mais il le sent, ce qui est mieux. Et même il en rit, comme Hercule : « *Tout le temps, j'ai porté le monde sur mes épaules, et ce métier, après tout, ne laisse pas d'avoir sa fatigue.* »

Fatigue immense, la nôtre même, celle de l'Homme en marche vers un destin qui ne se lasse pas de fuir. Fatigue au-dessus de laquelle le cœur de l'Homme ne se hausse que quand il a chance de battre entre les parois d'un grand cœur. Ne semble-t-il pas qu'on entende Eschyle lui-même jetant la lamentation formidable de l'Homme condamné à dépasser parfois dans son élan les frontières de Dieu sans jamais pouvoir l'atteindre, et à retomber sanglant dans l'orgueil de ses souvenirs ? « *Nouveau Prométhée, je suis cloué à un roc et un vautour me ronge. Oui, j'avais dérobé le feu du ciel pour en doter la France : le feu est remonté à sa source, et me voilà ! L'amour de la gloire ressemble à ce pont que Satan jeta sur le chaos pour passer de l'enfer au paradis : la gloire joint le passé à l'avenir dont il est séparé par un abîme immense. Rien à mon fils, que mon nom.* »

XIV

L'EMPREINTE

XIV

L'EMPREINTE

I

L'empreinte que laisse un homme n'est pas si facile à déterminer qu'on le suppose. On voit ses contours, sa forme extérieure. Mais il est moins aisé d'explorer le sol autour d'elle, d'apprécier le tassement de l'humus sous son poids, la qualité des racines écrasées ou refoulées, l'obscure circulation des forces souterraines qui, grâce au bouleversement qu'elle y apporte, se mêlent ou se séparent et jaillissent à l'air ailleurs qu'on ne le pensait. Même ses contours, sa forme extérieure trompent sur sa vertu réelle. On y fait couler du plâtre. On place sur des étagères les moulages obtenus. Ceux qui visitent le musée, le dimanche, contemplent religieusement la relique poudreuse que des jeunes gens bruyants, mais dociles, et de vieilles demoiselles sages copient toute la semaine pour l'ornement des cheminées, des magazines et des instituts d'orthopédie. Si quelques-uns entendent le bruit du torrent au dehors, combien sont-ils à se douter que ce torrent ne serait pas si l'empreinte n'avait déplacé quelque source invisible ?

Que l'influence de Napoléon ait été néfaste dans le domaine politique et sentimental apparents, voilà qui semble démontré. Que son souvenir ait engendré une imagerie populaire écœurante, provoqué trop souvent la fureur des cuivres et tambours de la fanfare hugolesque, tenté même l'inspiration de l'ivrogne sentimental et du poivrot élégiaque qui, sous les noms de Musset et de Béranger, ont anémié d'effusions solitaires et couperosé d'ardeurs patriotiques des millions de collégiens, de marchands de cassonnade et de filles sur le retour, voilà qui est triste, à coup sûr, mais surtout pour les critiques qui ont pris au sérieux ces effroyables sornettes. Qu'on charge sa conscience posthume des pronunciamentos vénézuéliens, du déchaînement des pédagogies, mascarades et bouffonneries militaires, de l'institution de ce second empire qui n'est pas seulement la caricature, mais la contre-partie du sien, voilà encore qui est regrettable, mais surtout pour les historiens et moralistes qui n'ont pas su discerner la qualité des gestes sous leur apparente identité. Le fait que Napoléon est un poète condamne irrévocablement ses descendants en simili qui débarquent sur le rivage avec un aigle empaillé, les notaires de chef-lieu munis des tables de sa Loi qui prétendent la lui apprendre, les héros de garnison dont le grand sabre, au nom de *L'ORDRE*, coupe le poing du gamin qui leur fait la nique, les bardes de music-hall nasillant la gloire ou l'exécration du massacre pour amener au refrain, dans la salle, le capitaine d'habillement en retraite ou le zingueur libéré.

L'ombre de Napoléon a servi tour à tour à tous les

partis d'épouvantail ou de drapeau, chacun d'eux ramassant minutieusement dans sa vie, afin de la mettre au niveau de ses passions intéressées, les faits et les anecdotes les plus propres à le servir. Aidés de la basse littérature, ils en ont fait tour à tour un négrier ou un tambour-major. Mais voilà. Napoléon n'est pas plus responsable du bonapartisme que Michel-Ange de l'académisme ou Jésus du cléricalisme. L'interprétation du monde repose sur un malentendu séculaire, et incurable. Un masque le recouvre, que décorent les profiteurs pour leur clientèle de sots, et sous lequel son vrai visage cache ses convulsions ou sa sérénité. L'empire spirituel d'un homme commence exactement aux bornes que lui assignent, comme extrêmes frontières, ses adversaires intéressés et surtout ses imitateurs. Il n'est pas difficile de dénoncer l'influence de Montaigne sur Pierre Charron ou sur les innombrables écrivailleurs anglais qui ont bravement intitulé « Essais » leurs élucubrations de valeurs fort inégales. Mais je ne sais si on se rend bien compte que Shakespeare, Cervantès et Pascal n'eussent pas ouvert, sans Montaigne, les portes de l'esprit moderne à l'Occident. Nul n'ignore l'action de Rubens sur Van Dyck. Mais qui dira l'ébranlement secret, et décisif, qu'il a imprimé après deux siècles à l'idée de Lamarck lequel, selon toute vraisemblance, connaissait à peine son nom ? Un enfant qui donne à un pauvre le sou qu'on vient de lui remettre pour acheter un sucre d'orge, est bien plus près du Christ que le prêtre qui vit de lui. Un autre enfant qui copie avec un morceau de charbon, sur la cloison d'une bicoque, la silhouette d'un chien levant la patte au pied d'un mur, n'est pas si loin de Raphaël que tel académicien qui professe, en son nom, à l'École des Beaux-Arts. L'esprit est invisible, et c'est là qu'est sa force. Je ne sais si Chateaubriand l'a bien vu à propos de Napoléon, et pourtant je ne puis croire qu'un homme de sa taille ait pu songer aux aspects extérieurs de l'action napoléonienne quand il a écrit ceci, qui précisément néglige son caractère matériel pour montrer les régions où il faut en chercher la trace : « Vivant, il a manqué le monde. Mort, il le possède. »

2

J'écarte même l'action pour ainsi dire mécanique que son terrible apostolat a immédiatement exercé sur l'Europe en y semant des ferments invincibles, et dont j'ai dit, après tant d'autres, les effets. Il y a quelque chose de plus utile aux peuples que l'unité nationale et l'égalité civile qu'ils lui doivent à peu près tous et que d'ailleurs ils ne réalisent vraiment que s'ils sont dignes de s'en emparer par le fer. De plus utile même que l'énorme circulation des valeurs et des produits, l'essor prodigieux d'invention technique et de conquête industrielle, l'immense réseau nerveux dont le globe va se couvrir, les répercussions redoutables de ces événements sur l'organisation du travail, toutes choses que l'unité nationale et l'égalité civile déchaînent en créant de grands corps nouveaux, de grandes classes nouvelles et des sources insoupçonnées d'énergies et de besoins. De plus immédiatement utile, dans le domaine spirituel tout au moins, puisque ces besoins et ces énergies engendrent à leur tour des forces invisibles qui transforment et fécondent de proche en proche les cerveaux... C'est le visage inattendu pris par le monde sous l'angle que révèle aux âmes profondes l'effort spirituel et guerrier qu'il faut faire pour conquérir cette unité, cette égalité et leurs conséquences obscures. Que Fichte, à cinquante ans, descende de sa chaire pour rejoindre son bataillon, non seulement cela n'est pas indifférent à la marche de la vie, mais cela lui inflige un sens qui provoque dans les esprits des combats intérieurs susceptibles d'en accroître, ou même d'en modifier radicalement la valeur. Que Chateaubriand, Laplace, Mme de Staël, Benjamin Constant en France, Fox, Burke, Walter Scott en Angleterre, Gœthe et Beethoven en Allemagne, Alfieri, Manzoni en Italie, Goya en Espagne aient suspendu la destinée morale des peuples à la victoire ou à la chute de Napoléon, cela n'a pas été sans exercer sur cette destinée morale même un immense ébranlement. En est-il responsable ? Il me semble. On ne se hausse pas de l'obscurité et de la pauvreté complètes à la plus éclatante vie qu'ait connue le monde sans être pour quelque chose dans la ferveur spirituelle que les âmes y puisent par le moyen de la haine ou de l'admiration.

Mais il y a plus. Ici, je pense, un merveilleux mystère est contenu, et qu'on n'ose explorer parce qu'il ouvre trop de routes et renverse trop de clôtures entre des territoires qu'on croyait réservés et délimités pour toujours. Celui qui crée le drame dans les événements crée le drame dans les cœurs. L'ivresse, l'inquiétude, la cupidité,

l'esprit d'aventure, l'esprit de sacrifice règnent. L'amour
rôde, s'allume, sème le risque et la douleur. Si l'amante
et l'amant unis dans l'exécration ou l'enthousiasme
ou séparés, au contraire, par ces sentiments que la volupté
déchire, réconcilie, exalte, créent l'enfant parmi le délire
de la séparation ou du retour, l'enfant a quelque chance
d'être une force d'exception, cœur bondissant, âme éperdue,
fureur de vivre et de connaître, surtout quand il grandit
dans le tumulte même qu'une aventure exceptionnelle
soulève et fait gronder autour de lui. Éblouies des contes
épiques que le père ou le frère aîné entrevu entre deux
campagnes dans son uniforme éclatant rapporte dans le
bruit des salves, impressionnées par les silences et les
larmes des sœurs, des mères, nourries des mirages lointains qu'éveillent des noms de pays et de villes qu'on ne
peut se représenter sans voir des coupoles d'or monter
sur des champs de neige, des minarets pointer au-dessus
des eaux et des palmes, des forêts gravir les montagnes
jusqu'aux glaciers miroitants, des escaliers et des statues
au milieu des cyprès et des roses, de belles créatures
qui ont des fleurs dans les cheveux et dont les yeux sombres
luisent, l'amour, la mort, la gloire attendant sur tous les
chemins, les jeunes imaginations ne peuvent pas ne pas
subir l'empreinte ineffaçable, et angoissante pour la vie,
de l'existence fabuleuse qui fut le prétexte, le centre,
l'âme, la conscience de tout cela. Bonaparte apparaît
en 1796. Napoléon atteint vers 1809 le sommet de la
période triomphale d'une carrière à la fin de laquelle
l'anémie commence pour son peuple que le reflux du
monde vient heurter. Il est impressionnant de constater

que tous les grands romantiques français, — ces puissantes natures qui semblèrent recommencer par l'imagination et la pensée, à travers l'Histoire et le Monde, le voyage lyrique que le héros avait accompli dans l'action, — Hugo, Balzac, Dumas, Vigny, Michelet, George Sand, Sainte-Beuve, Corot, Barye, Delacroix, Auguste Comte, Barbier, Mérimée, Berlioz, Daumier, Proud'hon, naissent entre ces deux dates extrêmes. Il est impressionnant de constater que dans cette Angleterre opiniâtre qui refusa de déposer les armes avant qu'il fût abattu, Keats, Carlyle, Macauley, Stuart Mill, les deux Browning, Darwin, Tennyson, Dickens naissent pendant cette période-là. Il est impressionnant de constater que Mendelssohn, Schumann, Wagner naissent à l'instant où l'Allemagne entière se roidit contre lui dans sa souffrance et sa fureur. Il est impressionnant de constater que Chopin venait de naître d'un homme de France et d'une femme de Pologne quand l'Andromède polonaise vit en Napoléon un Persée descendant du ciel. Il est impressionnant de constater que Léopardi naît au moment où finissait cette campagne d'Italie qui bouleversa violemment l'esprit de la péninsule, que Mazzini et Garibaldi naissent à l'heure où l'unité de leur pays cristallisait sous sa main pour la première fois. Il est impressionnant de constater que Pouschkine, Glinka, Gogol naissent au cours des années où la Russie guerrière entra en contact avec lui, Tourguenef, Dostoïewsky, Tolstoï pendant les premières années qui suivirent la rentrée lente dans son lit de la Russie considérée comme victorieuse de l'invincible et arbitre d'une Europe qu'elle pensait régénérer.

Dans le remous immense que provoqua l'apparition de l'homme chargé par la France d'infuser à l'esprit européen la fièvre révolutionnaire, et par Dieu, si Dieu est, de poser au cœur européen le problème tragique de la destinée des hommes, les sentiments personnels qu'il inspirait eurent une action formidable sur l'évolution même des intelligences, l'orientation des idées, la structure spirituelle entière du siècle le plus fécond en inventions, en recherches, en hypothèses dont l'Histoire fasse mention. La jalousie de Chateaubriand n'est qu'une sorte de programme secret tracé au déchaînement des foudres patriotiques ou républicaines, ou des hymnes à la solitude et au repliement orgueilleux sur le domaine intérieur du lyrisme maître du monde que d'autre part les lakistes anglais, Coleridge, Wordsworth pratiquaient déjà dans la fureur et le désordre de la guerre. Là, Southey illustre la constance des soldats et des marins anglais, Uhland, Rückert prennent la lyre de Tyrtée pour jeter contre le monstre le peuple allemand, Byron dissimule son envie sous sa haine, se prête pour lui ressembler une âme de pirate incestueux errant sur les mers, ici Lamartine, Vigny, Hugo, Quinet, Barbier, Balzac, écartelés entre l'admiration et la colère, se forgent une image apocalyptique ou romanesque de l'homme formidable auquel il leur semble que nul ne pourra jamais plus se comparer sans éprouver le sentiment qu'il a manqué sa vie. Stendhal avoue sa défaite, et seul par là, peut-être, est victorieux. A travers son culte pour le héros qu'a renversé la sainte alliance des autocraties, des oligarchies, des féodalités et des églises, il pénètre d'un seul coup jusqu'à l'hypocrisie sociale, et fonde une éthique nouvelle en prenant exemple sur lui.

3

Une série de rencontres profondes semble s'être effectuée, au cours du siècle qu'il ouvre, entre la tournure exceptionnelle qu'inflige aux âmes conquises l'exemple de sa destinée et le courant philosophique issu du siècle précédent et précipité sur le continent par sa force. On est surpris, pour ne pas dire plus, quand on ouvre un livre d'histoire littéraire, de ne voir mentionner cela qu'exceptionnellement, et par bribes, à propos de tel écrivain, ou de tel de ses livres, ou de tel chapitre d'un de ses livres. Mais jamais avec l'ampleur que mérite un phénomène général tel que celui qui suivit, par exemple, la vie de François d'Assise, réserve faite qu'il ne dépassa guère alors quelques provinces italiennes, tandis que l'Europe et le monde participent de celui-là. Le romantisme, que Rousseau avait éveillé dans les sensibilités et dont Napoléon propageait dans les imaginations tous les prétextes extérieurs, portes ouvertes soudain sur l'Orient, l'Italie, l'Allemagne, l'Espagne, immenses avenues lancées dans l'Histoire et le mythe, aventures miraculeuses, révélation de la puissance et des droits de l'individu portant quelque passion grandiose dans le cœur, n'allait pas tarder à croiser sur sa route la conception pessimiste du monde dont ses artistes, d'instinct, par Chateaubriand, par Byron, par Schubert, plus tard par Vigny, par Léopardi, par Berlioz, par Delacroix, remuaient déjà les sources dans les cœurs mélancoliques. Après la brève illusion soulevée par les premiers actes de la Révolution française, la grande vague du désespoir métaphysique remontait dans toutes les âmes, en même temps qu'un individualisme démesuré apercevait les frontières qu'il ne pourrait jamais franchir. Napoléon était l'écueil où se brisaient toutes les espérances, attirées par la lueur du phare qu'il portait. Les poètes reconnaissaient leur impuissance à hausser leur orgueil au niveau d'une telle vie, qui fut elle-même impuissante à dominer jusqu'au bout l'hostile accumulation des contingences et en fin de compte la mort. Les philosophes, acculés au néant final depuis l'analyse kantienne, constataient l'échec retentissant que la nécessité de son rôle historique infligeait à l'idole morale dont sa gloire, pour toujours, avait terni la pureté. Première étape, proprement romanesque, que Schopenhaüer, avant tous les autres, tentait de dépasser presque exactement à l'heure où le héros allait mourir [1], en proposant le monde comme une représentation offerte à l'âme de l'individu par la force qui est en elle, force où Napoléon avait déjà puisé son image du monde et où la musique allemande, la musique russe et la peinture française allaient la renouveler.

Le culte des héros fut la seconde étape. Pour Carlyle, pour Emerson, la force du héros impose à notre conscience du monde l'image qu'elle s'en fait. Ils en dressent quinze effigies, et Napoléon est le seul, avec Shakespeare, qui

---

1. *Le monde comme volonté* est de 1819.

figure dans leurs deux livres. Cela eût enchanté Gœthe, qui en est lui-même, et qui précisément compare Napoléon à Shakespeare, mais qui n'eût pas approuvé leurs réserves puritaines où Ibsen et Tolstoï, parfois Withman lui-même, s'embourbent pareillement. Il fallait, pour s'en affranchir, encore une autre étape. Déjà Carlyle, sans comprendre jusqu'où cette parole redoutable pouvait conduire après lui, affirmait que le héros, quel qu'il fût et d'où qu'il vînt, était chargé du rétablissement de l'ordre et que Napoléon, contre la dynastie dépossédée, représentait le droit divin.

Entre temps, le développement d'une autre forme de recherches apportait des matériaux nouveaux à la genèse des esprits. Il est intéressant de remarquer le caractère de la génération qui apparut en France à la suite des guerres de l'Empire, naissant des hommes et des femmes qui avaient vécu les derniers drames, les efforts désespérés de Russie, de Saxe, de Champagne, de Waterloo. La tension nerveuse était plus forte encore, mais l'enthousiasme était mort. Une sorte de repliement se produisait dans les âmes, et l'atmosphère de la Restauration et de la monarchie bourgeoise où grandissait cette génération n'était pas faite pour renouveler et exalter son moral. Claude Bernard, Pasteur, Gobineau, Millet, Courbet, Flaubert, Baudelaire, Renan, Charcot, Taine, Carpeaux, naissent dans les quinze années qui suivent le reflux, pêle-mêle avec les Cosaques, des bandes épuisées qui reviennent de Moscou. Le pessimisme grandiose qui berçait sur les abîmes de la contemplation lyrique leurs aînés, envieux de la gloire du maître, prenait une toute autre allure, amère et sarcastique, méticuleuse et maniaque, ou cherchant à dissimuler son désespoir sous le positivisme des formules, l'entêtement des croyances simplistes, l'ironie des attitudes, le scepticisme des conclusions. Génération appliquée, quelque peu hargneuse, documentée, trop précise, ou trop indécise, que Stendhal marque déjà par son disciple Mérimée, mais qui n'ose le suivre jusqu'au bout. Génération de savants qui, dans sa vigueur désabusée, aboutira au plus complet matérialisme ou, par protestation contre ses propres découvertes, recherchera les paradis artificiels de la drogue et de l'introspection. Génération stoïque et maudite à la fois où Claude Bernard et Baudelaire communient, sans le savoir, dans le poème de la matière passionnément interrogée que la flamme de la sensualité mystique et le feu de l'intelligence illuminent pour le spiritualiser. Génération plus pessimiste encore que la précédente, puisqu'elle ne retrouve pas sous son scalpel le dieu perdu et puisque son lyrisme, pour mourir, se noie sous l'amoncellement du sang qu'il regarde couler, des ivresses qu'il prolonge, des parfums et des musiques dont il environne son mal... Mais rassemblant les éléments d'une espérance nouvelle en mettant entre les mains de l'homme un instrument d'investigation et de conquête dont il commence à peine à soupçonner la puissance et la pesanteur.

La tentative d'optimisme — à vrai dire assez plate — dont l'essor inattendu des applications de la science a été le point de départ il y a quelque quarante ans, a essuyé un échec grave, mais plus apparent que réel. L'erreur est qu'on ait cherché à reconstituer sur le terrain social immédiat l'espérance qu'avait ruinée la mort de Dieu, en divinisant la vertu régénératrice de l'instrument que la science apportait. Or, cette espérance ne peut se fixer ailleurs que dans la vertu de l'homme à imaginer l'instrument et à développer, en partie par le moyen de l'instrument, la complexité sans cesse croissante de son désir insatiable. Quand Nietzsche, franchissant la troisième étape du pessimisme, indiqua au désespoir intellectuel un motif de ressaisir la joie dans la « volonté de puissance », je crois bien que le spectacle de la civilisation scientifique qui grandissait autour de lui ne fut pas étranger à cette intuition bienfaisante. Peut-être, d'ailleurs, à la manière d'une atmosphère qu'on respire sans le savoir et qui, malgré la mortelle violence qu'elle exerce sur les poitrines trop débiles, vivifie le sang. Car si la science, comme tous les mythes, accumule les ruines et provoque les désastres, elle est le plus efficace entre les moyens actuels de la grandeur de l'homme, capable de relever toutes les ruines, de survivre à tous les désastres, d'inventer sans lassitude de nouveaux mythes pour que son espoir ne meure pas.

Or, toutes les conquêtes qui ont eu la science pour moyen et qu'ignoraient les siècles antérieurs, — je veux dire l'ascension et le commencement de prise de possession du globe par la bourgeoisie d'Angleterre et de France que célèbre Balzac et que Stuart Mill justifie, le réalisme allemand, l'impérialisme économique, le poème récent de l'énergie américaine, — remontent, dès qu'on dénonce leurs crimes ou qu'on illustre leurs bienfaits, à l'exemple du parvenu génial qu'Emerson appelait « le démocrate incarné » et dont la vie, en dernière analyse, consacre la moralité de la lutte et condamne l'immoralité du repos. Le jour où quelques-uns comprirent qu'un homme avait pu grandir démesurément, élever les hommes au-dessus d'eux-mêmes, déchaîner dans le monde un fleuve impétueux de forces et d'idées nouvelles, tout cela contre un ordre social et surtout un *ORDRE MORAL* séculaires, la sphère d'attraction spirituelle de Napoléon commença vraiment d'agir. L'immoralisme de Stendhal oppose à la coalition des hypocrisies sociales le courage, l'orgueil, la clairvoyance du héros. Le slavisme de Dostoïewsky ne conçoit qu'il y ait dans le monde ni pitié, ni amour, ni beauté, ni justice si la passion, l'énergie, l'impulsion criminelles en disparaissent d'abord. L'unanimisme de Whitman accepte de l'homme, au fond, tout ce qui rend plus vaste et plus entreprenant son cœur. Nietzsche vient, qui réunit ces voix éparses en affirmant que l'instinct de domination commun à tous les hommes ne peut avoir d'autres limites, dans son ascension continue, que sa puissance propre à se réaliser. C'est une conscience nouvelle du monde et de ses destinées qui se dessine peu à peu dans le mystère de l'immense unité des âmes, où la tâche du poète est de sanctifier les appétits de classe, de caste, de race créés à tour de rôle ou simultanément par le jeu indifférent des fatalités de la vie. Et voici qu'en effet les savants et les philosophes travaillent, dans leur sphère, à justifier ces appétits. Darwin expose patiemment la doctrine impitoyable de la victoire du plus apte que Spencer acclimate sur le terrain psychologique et sociologique tout entier. En politique, Gobineau prétend que le droit d'agir des peuples est primé par l'aptitude à commander de certaines races élues. Karl Marx entend prouver que l'utilité et la puissance de la production créent l'empire du producteur sur le terrain social où le syndicalisme, à son tour, proclame la force plastique et constructive de l'association intéressée. Sur le terrain des circonstances et des faits, le pragmatisme américain soumet la passivité de ce qui s'immobilise dans la raison pure au mouvement victorieux de ce qui s'affirme dans l'action.

Tout cela, un jour, atténuera ses contradictions et ses angles, pour se fondre dans une synthèse vivante au sentiment lyrique de laquelle Verhaeren lui-même n'était pas encore parvenu. Ces courants d'idées, en fin de compte, n'aboutissent-ils pas tous à constater la lutte, à proclamer qu'elle est noble simplement parce qu'elle est la lutte et à légitimer l'accès à la vie triomphante de l'élément victorieux contre l'élément vaincu ? L'ombre d'un homme plane, depuis cent ans, sur cet immense mouvement qui tend à substituer un ordre spirituel encore embryonnaire à un ordre spirituel qui meurt après avoir rempli sa tâche. Le Droit humain, le Droit divin ont changé de camp et de nature. Depuis Napoléon, il ne s'agit plus de savoir qui a raison selon le Droit humain, le Droit humain n'étant que l'habitude acquise, mais qui a raison selon le Droit divin, le Droit divin étant la force en devenir.

4

Je ne crois pas qu'il y ait jamais un mythe napoléonien, fait pour fleurir dans les consciences les plus hautes après avoir germé dans les légendes populaires les plus grossièrement sentimentales et éclos dans le cœur des poètes chargés de les recueillir. Non que ce soit tout à fait impossible, et que je n'éprouve quelque admiration pour ceux qui écartent cette hypothèse comme indigne de notre esprit. L'élite intellectuelle d'il y a deux mille ans ne repoussait-elle pas avec dégoût la fable que des filles publiques, des pêcheurs, des esclaves, proposaient à des besoins qu'elle ne percevait pas ? Se rendait-elle bien compte de l'approche des Barbares, de l'immense afflux d'âmes vierges que le vieux monde allait avoir à féconder ? Les esclaves, les pêcheurs, les filles publiques sont plus nombreux que jamais. Et les Barbares arrivent. Où l'aristocratie qui sortira de ces masses ardentes prendra-t-elle le vin qu'elles réclameront quand la fatigue du chaos attisera leur soif ? Je ne sais trop si c'est aux prophètes et aux apôtres dont nous venons d'entendre les voix confondues qu'il convient de le demander. Mais en savez-vous davantage ?

Ce que je sais, c'est que le mythe est conçu, naît, grandit, s'affaisse toujours dans le sang. Quel qu'il soit, doux ou terrible, glorifiant la force ou l'amour. Car dans les deux cas il attaque. Et la résistance l'attend. Et la vie ne serait pas, sans l'attaque et la résistance. Toutes les théologies, toutes les philosophies dénoncent dans l'histoire de l'homme le conflit entre la liberté et la fatalité et concluent, par une aberration inconcevable, soit à la victoire de l'une, soit à la victoire de l'autre. Dans les deux cas que deviendrait l'Histoire, si l'Histoire c'est le conflit ? Le conflit, il est vrai, ce n'est pas seulement la guerre. Et la guerre peut disparaître si l'homme trouve le moyen d'aller sans elle jusqu'à l'extrémité du drame collectif et des passions héroïques ou malsaines qu'il fait lever pour alimenter le conflit. Mais jusqu'ici, et pour longtemps sans doute, ce moyen lui a échappé. Et nous ne pouvons pas plus imaginer l'Histoire sans guerres ni révolutions que la civilisation sans art et la vie sans amour. Ce serait une Histoire dépourvue d'événements. Et hors le drame, dans la vie, il n'y a pas d'événements.

Presque tous ceux qui tiennent le devant de la scène historique et œuvrent à même l'action, empruntent à l'événement leur importance à défaut de leur génie. Les artistes, au contraire, théâtre du drame intérieur permanent qui maintient l'homme dans l'angoisse et l'espérance, créent l'événement en projetant ce drame dans les consciences et les cœurs. Il est bien rare celui que l'événement conditionne mais qui, parce qu'il en nourrit une puissance spirituelle capable de lui faire subir des transformations inouïes d'où naissent de nouveaux événements, apparaît en démiurge au monde, au-dessus du bien et du mal, et tente, de son vivant même, de construire le monde selon l'image qu'il s'en fait. Que l'avenir le reconnaisse ou non, l'en maudisse ou l'en glorifie, Napoléon est de ces hommes-là. L'avenir, quel qu'il soit, ne peut plus se passer de lui.

Mais nous vivons tellement sur nos habitudes chrétiennes qu'il nous semble impossible qu'un mysticisme populaire s'élance d'autre part que d'un appel à la paix et à la douceur. Cependant ni les mythes helléniques, ni les mythes scandinaves, ni les mythes israélites, ni les mythes indiens ne s'appuyaient sur le renoncement à vivre. C'est même par une sorte de surprise historique que la fatigue grecque et juive s'est imposée, il y a vingt siècles, au jeune Occident plein d'innocence pour organiser un Moyen-Age dont le contraste dramatique qui maintenait, dans la fureur des passions brutales lâchées, l'espérance frénétique en un monde de voluptés morales impossibles à épuiser, a déterminé la grandeur. Le mythe, du moins sous sa forme élémentaire, est peut-être mort sans retour. Mais des abstractions mythiques le remplacent, aussi cruelles, plus sans doute, pour qui les veut réaliser. La paix, le bonheur, la justice sont de celles-là. J'ignore s'il faut voir en elles le dernier terme de l'effort spirituel de l'homme vers cet équilibre instable qui est pour lui la seule paix, le seul bonheur, la seule justice accessibles, et qu'il n'a pu réaliser jusqu'ici par éclairs qu'en traversant la guerre, le crime et le désespoir. J'ignore si ce n'est pas cet équilibre même qu'on divinisera un jour. Mais si ce jour arrive, je crois bien qu'on célébrera, dans quelque Eleusis réservée aux initiés de l'Esprit européen suprême, un culte où l'on rendra justice à l'homme dont le geste montra que l'harmonie était fonction, non pas de l'amour seul, mais avec lui de l'énergie toujours tendue à établir un ordre magnanime dans le drame des passions.

APPENDICE

APPENDICE

Page 20. — * Deux livres, par-dessus tous les autres, celui de
Gourgaud, celui de Bourrienne, nous éclairent là-dessus.
Avec Gourgaud, vaniteux, chagrin, incompréhensif, amoureux jaloux et tyrannique de son maître, le ton n'est plus du
tout le même qu'avec Las Cases, assez intelligent, plus défé-
rent, qui ne lui résiste jamais. Plus du tout le même avec
Bourrienne, haineux, ingrat, mais faisant, pour paraître impartial, un effort vers la sincérité qu'avec Mme d'Abrantès,
coquette, bavarde, vaniteuse, pénétrée de l'esprit de famille.
Chacun, comme il faut s'y attendre, écoute son tempérament, ses rancunes, ses préjugés pour porter son jugement.
Un seul possède une vision aussi large que clairvoyante,
jugeant l'homme d'ensemble, avec noblesse et pureté.
C'est Rœderer. On sent qu'il est le seul, parmi les interlocuteurs de Napoléon, à comprendre ce qu'il lui entend dire,
le seul aussi devant qui Napoléon, se sentant compris,
s'épanche et se montre tel qu'il est réellement. Telle dût
être aussi sa conversation avec Gœthe. Les autres laissent
tomber les grandes choses, qui passent au dessus de leur
tête, ou il se ferme devant eux.

Page 25. — * « Il avait beau, raconte Rapp, chercher à se montrer sévère, la nature était la plus forte, sa bonté l'emportait toujours. »

Page 37. — * Joseph, un jour, lui écrit qu'il est son aîné :
« Aîné ? lui ? Pour la vigne de notre père, sans doute. »

Page 37. — ** « *La première bourrade passée, leur persévérance, leur obstination l'emportait toujours, et de guerre lasse, ils ont fait de moi ce qu'ils ont voulu.* »

Page 40. — * « *Vous aimez,* écrit-il à Joseph, *cajoler les gens et obéir à leurs idées. Moi, j'aime qu'on me plaise et qu'on obéisse aux miennes.* »

Page 42. — * Et plus tard, à Sainte-Hélène : « *Qu'ils m'appellent comme ils voudront, ils ne m'empêcheront pas d'être moi.* » Ceci est le profond du cœur. Mais devant les Anglais, et pour ses serviteurs, il ne veut pas capituler. Il exige qu'on lui donne son titre, ou interdit qu'on paraisse devant lui.

Page 45. — * « *Les ambitieux secondaires,* a-t-il dit, *n'ont jam is que des idées mesquines.* »

Page 49. — * Il dit, après Marengo, à ses lieutenants qui le félicitent. « *Oui : j'ai conquis en moins de deux ans Le Caire, Milan, Paris. Eh bien ! si je mourais demain, je n'aurais pas une demi-page dans l'Histoire universelle.* » Et, en 1804, à Rœderer : « *Je n'ai pas encore assez fait pour être connu.* » Et ailleurs : « *Que dira l'Histoire ? Que pensera la postérité ?* »

Page 50 *. — « *Les malheurs,* disait-il à Sainte-Hélène, *ont aussi leur héroïsme et leur gloire. L'adversité manquait à ma carrière. Si je fusse demeuré sur le trône, dans les nuages de ma toute-puissance, je serais devenu un problème pour bien des gens. Aujourd'hui, grâce au malheur, on pourra me juger à nu.* »

Page 52. — * « Vouloir et faire était un pour lui. » (Bourrienne.)

Page 53. — * « *L'homme,* a-t-il encore dit, *ne marque dans la vie qu'en dominant le caractère que lui a donné la nature, ou en s'en créant un par l'imagination et sachant le modifier suivant les obstacles qu'il rencontre.* »

Page 55. — * « *On ne jouit de soi-même que dans le danger.* »

Page 61. — * « La cause principale de sa puissance, dit Gœthe dans ses *Entretiens avec Eckermann,* c'est que les hommes étaient sûrs, sous ses ordres, d'arriver à leur but. »

Page 68. — * « Bonaparte, qui ne croyait pas à la vertu des hommes, croyait à leur honneur. » (Bourrienne.)

Page 102. — * « Le 18 Brumaire a sauvé la France. » (La Fayette.)

Page 105. — * Il a « frappé à mort la République, et sauvé la Révolution. » (Albert Vandal.)

Page 109. — *« *Pour moi*, disait Napoléon à propos des procédés de l'Angleterre, *je n'ai jamais rien fait de tout cela, et jusqu'à la malheureuse affaire d'Espagne, qui du reste ne vient qu'après celle de Copenhague, je puis dire que ma moralité reste inattaquable. Mes transactions avaient pu être tranchantes, dictatoriales, mais jamais perfides.* »

Page 118. — * Ce mot, on le connaît. Mme de Staël lui demandant quelle était, à ses yeux, la femme la plus remarquable : « *Celle*, répondit-il, *qui fait le plus d'enfants.* » Qu'on me permette d'en rappeler ici un autre, encore plus expressif et moral — oui, moral ! — mais infiniment plus grossier, bien que celui qui l'a prononcé n'ait jamais passé pour un malotru, ni pour un misogyne, ni pour un tyran. Une dame, féministe et mûre, énumérait à Renoir les qualités qui rendaient, à son sens, la femme supérieure à l'homme : le désintéressement, l'esprit de sacrifice, la bonté, la générosité, l'énergie, la moralité, la franchise, le caractère, l'intelligence, le génie... « Et un beau c...l », conclut Renoir.

Page 133. — * « *Chateaubriand a reçu de la nature le feu sacré... Son style est celui du prophète.* »

Page 165. — * Et aussi : « *Étouffer la presse est absurde. Je suis convaincu sur cet article.* »

Page 171. — * Et ailleurs : « *C'est l'esprit civil, et non la force militaire qui gouverne, et même qui commande. Le calcul ?... La connaissance des hommes ?... L'éloquence ?... Qualités civiles.* »

Page 173. — * Et encore : « *Il ne faut pas que le chef de l'État soit chef de parti.* »

Page 186. — * Lettre à son frère Jérôme, roi de Westphalie : « *Ce que désirent avec impatience les peuples d'Allemagne, c'est que les individus qui ne sont point nobles et qui ont des talents, aient un égal droit à votre considération et aux emplois ; c'est que toute espèce de servage et de liens intermédiaires entre le souverain et la dernière classe du peuple soit entièrement*

*abolie. Les bienfaits du Code Napoléon, la publication des pro-
cédures, l'établissement des jurys seront autant de caractères
distinctifs de votre monarchie ; et s'il faut vous dire ma pensée
tout entière, je compte plus sur leurs effets pour l'extension
et l'affermissement de cette monarchie, que sur le résultat des
plus grandes victoires. Il faut que vos peuples jouissent d'une
liberté, d'une égalité, d'un bien-être inconnus aux autres peuples
de la Germanie, et que ce gouvernement libéral produise d'une
manière ou d'une autre les changements les plus salutaires
au système de la confédération et à la puissance de votre monarchie. Cette manière de gouverner sera une barrière plus puissante pour vous séparer de la Prusse que l'Elbe, les places fortes
et la protection de la France. Quel peuple voudra retourner
sous le gouvernement arbitraire prussien, quand il aura goûté
les bienfaits d'une administration sage et libérale ? Les peuples
d'Allemagne, ceux de France, d'Italie, d'Espagne, désirent
l'égalité et veulent des idées libérales... Voilà bien des années
que je mène les affaires de l'Europe, et j'ai eu lieu de me convaincre que le bourdonnement des privilégiés était contraire à
l'opinion générale. Soyez roi constitutionnel... »*

« *On compte en Europe*, dit-il plus tard, *bien qu'épars,
plus de trente millions de Français, quinze millions d'Espagnols,
quinze millions d'Italiens, trente millions d'Allemands... J'eusse
voulu faire de chacun de ces peuples un seul et même corps de
nation... C'est dans cet état de choses qu'on eût trouvé le plus
de chances d'amener partout l'unité des Codes, celle des principes, des opinions, des sentiments, des vues et des intérêts...
Alors... peut-être devenait-il permis de rêver, pour la grande
famille européenne, l'application du Congrès américain, ou
celle des Amphictyons de la Grèce... et quelle perspective,
alors, de force, de grandeur, de jouissances, de prospérité !... »*
Pour les Français, dit-il, la chose est faite... Pour l'Espagne :
« *L'agglomération de quinze millions d'Espagnols était à peu
près faite... Comme je n'ai point soumis les Espagnols on raisonnera désormais comme s'ils eussent été insoumettables »...*
Pour l'Italie : « *Il me fallait vingt ans pour rétablir la nation*

italienne... L'agglomération des Allemands demandait plus de lenteur, aussi n'avais-je fait que simplifier leur monstrueuse complication... Quoi qu'il en soit, cette agglomération arrivera tot ou tard par la force des choses ; l'impulsion est donnée, et je ne pense pas qu'après ma chute et la disparition de mon système, il y ait en Europe d'autre grand équilibre possible que l'agglomération et la confédération des grands peuples. »

Page 187. — * « Grâce au génie de l'Empereur, disait Laplace, l'Europe entière ne formera bientôt plus qu'une immense famille, unie par une même religion et le même code de lois. »

Page 194. — * Voici ce qu'il a dit lui-même de l'Histoire, et de la façon de l'écrire. Je ne crois pas qu'on ait jamais parlé avec plus de tact psychologique des mobiles secrets qui déterminent, dans l'intention des hommes, les événements historiques et nous rendent l'Histoire, de ce fait, à demi inintelligible :

« Cette vérité historique, tant implorée, à laquelle chacun s'empresse d'en appeler, n'est trop souvent qu'un mot : elle est impossible au moment même des événements, dans la chaleur des passions croisées ; et si, plus tard, on demeure d'accord, c'est que les intéressés, les contradicteurs ne sont plus. Mais qu'est alors cette vérité historique, la plupart du temps ? Une fable convenue, ainsi qu'on l'a dit fort ingénieusement.

« Dans toutes ces affaires, il est deux portions essentielles fort distinctes : les faits matériels et les intentions morales. Les faits matériels sembleraient devoir être incontroversables ; et pourtant, voyez s'il est deux relations qui se ressemblent : il en est qui demeurent des procès éternels. Quant aux intentions morales, le moyen de s'y retrouver, en supposant même de la bonne foi dans les narrateurs ? Et que sera-ce s'ils sont mus par la mauvaise foi, l'intérêt et la passion ? J'ai donné un ordre : mais qui a pu lire le fond de ma pensée, ma véritable intention ? Et pourtant chacun va se saisir de cet ordre, le mesurer à son échelle, le plier à son plan, à son système individuel. Voyez les diverses couleurs que va lui donner l'intrigant

dont il gêne ou peut, au contraire, servir l'intrigue, la torsion qu'il va lui faire subir. Il en sera de même de l'important à qui les ministres ou le souverain auront confidentiellement laissé échapper quelque chose sur le sujet ; il en sera de même des nombreux oisifs du palais qui, n'ayant rien de mieux à faire que d'écouter aux portes, inventent, faut: d'avoir entendu. Et chacun sera si sûr de ce qu'il racontera ! et les rangs inférieurs qui le tiendront de ces bouches privilégiées en seront si sûrs à leur tour et alors les mémoires, et les agendas, et les bons mots, et les anecdotes de salon d'aller leur train...

Voilà pourtant l'Histoire ! J'ai vu me disputer, à moi, la pensée de ma bataille, me disputer l'intention de mes ordres, et prononcer contre moi. N'est-ce pas le démenti de la créature vis-à-vis de celui qui a créé ? N'importe, mon contradicteur, mon opposant aura ses partisans. Aussi est-ce ce qui m'a détourné d'écrire mes mémoires particuliers, d'émettre mes sentiments individuels, d'où fussent découlées naturellement les nuances de mon caractère privé. Je ne pouvais descendre à des confessions à la Jean-Jacques, qui eussent été attaquées par le premier venu. Aussi, j'ai pensé ne devoir dicter à vous autres ici que sur les actes publics. Je sais bien encore que ces relations même peuvent être combattues ; car quel est l'homme, ici-bas, quel que soit son bon droit et la force et la puissance de ce bon droit, que la partie adverse n'attaque et ne démente ? Mais aux yeux du sage, de l'impartial, du réfléchi, du raisonnable, ma voix, après tout, vaudra bien celle d'un autre, et je redoute peu la décision finale. Il existe, dès aujourd'hui, tant de lumières, que quand les passions auront disparu, que les nuages seront passés, je m'en fie à l'éclat qui restera.

Mais que d'erreurs intermédiaires ! On donnera souvent beaucoup de profondeur, de subtilité de ma part à ce qui ne fut, peut-être, que le plus simple du monde ; on me supposera des projets que je n'eus jamais. On se demandera si je visais en effet à la monarchie universelle ou non. On raisonnera longuement pour savoir si mon autorité absolue et mes actes arbitraires dérivaient de mon caractère ou de mes calculs, s'ils étaient produits par mon inclination ou par la force des circonstances, si mes guerres constantes vinrent de mon goût, ou si je n'y fus conduit qu'à mon corps défendant, si mon immense ambition, tant reprochée, avait pour guide ou l'avidité de la domination, ou la soif de la gloire, ou le besoin, ou l'amour du bien-être général, car elle mérite d'être considérée sous ces diverses faces. On se débattra sur les motifs qui me déterminèrent dans la catastrophe du duc d'Enghien, et ainsi d'une foule d'autres événements. Souvent on alambiquera, on tordra ce qui fut tout à fait naturel et entièrement droit.

Il ne m'appartient pas, à moi, de traiter ici spécialement de tous ces objets : ils seraient mes plaidoyers, et je les dédaigne. Si, dans ce que j'ai dicté sur les matières générales, la rectitude et la sagacité des historiens y trouvent de quoi se former une opinion juste et vraie sur ce que je ne mentionne pas, tant mieux. Mais, à côté de ces faibles étincelles, que de fausses lumières dont ils se trouveront assaillis !... depuis les faibles et les mensonges des grands intrigants qui ont eu chacun leurs buts, leurs menées, leurs négociations particulières, lesquelles, s'identifiant avec le fait véritable, compliquent le tout d'une manière inextricable, jusqu'aux révélations, aux « portefeuilles », aux assertions même de mes ministres, honnêtes gens qui cependant auront à donner bien moins ce qui était que ce qu'ils auront cru car en est-il qui aient eu ma pensée générale tout entière ? Leur portion spéciale n'était, la plupart du temps, que des éléments du grand ensemble qu'ils ne soupçonnaient pas. Ils n'auront donc que la face du prisme qui leur est relative, et encore, comment l'auront-ils saisie ? Leur sera-t-elle arrivée pleine et entière ? N'était-elle pas elle-même morcelée ? Et pourtant, il n'en est probablement pas un qui, d'après les éclairs dont il aura été frappé, ne donne pour mon véritable système le résultat fantastique de ses propres combinaisons ; et de là encore la fable convenue qu'on appellera l'Histoire, et cela ne saurait être autrement : il est vrai que, comme ils sont plusieurs, il est probable qu'ils seront loin d'être d'accord. Du reste, dans leurs affirmations positives, ils se montreraient plus habiles que moi, qui très souvent aurais été très embarrassé d'affirmer avec vérité toute ma pleine et entière pensée. On sait que je ne me butais pas à plier les circonstances à mes idées, mais que je me laissais en général conduire par elles : or, qui peut, à l'avance, répondre des circonstances fortuites, des accidents inopinés ? Que de fois j'ai donc dû changer essentiellement ! Aussi ai-je vécu de vues générales, bien plus que de plans arrêtés. La masse des intérêts communs, ce que je croyais être le bien du très grand nombre, voilà les ancres auxquelles je demeurais amarré, mais autour desquelles je flottais la plupart du temps au hasard. »

Page 239. — * Il prétendait que Napoléon veut dire « le lion du désert ».

TABLE DES MATIÈRES

LES ÉDITIONS G. CRÈS & CIE

21, rue Hautefeuille — PARIS, VIe

EXTRAIT DU CATALOGUE GÉNÉRAL

ANTHOLOGIES

ACHEVÉ D'IMPRIMER,
LE 20 AVRIL MCMXXI,
PAR F. PAILLART, A ABBEVILLE,
POUR LES ÉDITIONS G. CRÈS ET Cie.